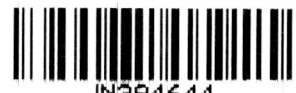

当たり前の基本はヌキで。

もっとも新しいボクシングの教科書

ノニト・ドネアvsギレルモ・リゴンドー（2013・4・13）

はじめに introduction

著者・野木丈司

前作「まったく新しいボクシングの教科書」は、今までになかったような切り口を求めて作った本でした。私の予想以上に好評をいただき、ボクサーだけでなく、キックボクサーや総合格闘家の方からも色んな反響をいただきました。内容としても私のボクシングにおける基礎的な部分は惜しむことなく披露したと思っています。

……しかし、前作から３年。ボクシングの技術は日進月歩で進化し、新たな技術が生まれています。一人のスーパースターが誕生すると、周りの選手がその選手に勝とうとすることで、技術はさらに進化を遂げます。そしてその選手を模倣することで、今までになかった新しい技術が、さらに生まれているのです。

パッキャオ＆ドネアにみる進化

例えばマニー・パッキャオやノニト・ドネアを輩出したフィリピンでは、ここ数年でボクシングのレベルが急激に上がっています。

かつて日本では「レベルが低すぎる」「無気力試合をする」という理由で、フィリピンのボクサーを呼ぶことが禁止されていましたが、近年は日本人選手も勝てないような危険な選手が続々とフィリピンから出てきています。低迷していた時期があるフィリピンのボクシング界が、２人のスーパースターの誕生によって、自信と勢いを得たと言ってもいいでしょう。

パッキャオの代名詞と言えば全身で飛び込むように打つストレート。あのパンチはパッキャオにしか出来ないという意見もあり、確かに彼の持って生まれた身体の強さが影響していることも事実です。しかし38ページ以降で技術解説しているように、そこには技術としてのメカニズムがあり、それを理解して練習することで、パッキャオのようなパンチに近づくことは可能です。

スピード溢れる素早い動き、スピードから生まれる強打を活かして戦うスタイルのドネアは、非常にフィジカルトレーニングを重視しています。パッキャオほど踏み込みが鋭くはなく、カウンターを狙う戦い方ですが、スピードとパワーを全面に押し出し、それを養うためのトレーニングに力を入れているところが特徴です。彼のトレーニング映像を見ると、フィジカルトレーニングで徹底的にスピード・アジリティ・クイッ

パッキャオの「飛び込みストレート」。この宙に浮いた後ろ足に、
どんな秘密があるのか？　知りたい人は、38ページへスキップ！

スピードを武器に、カウンターを狙い撃ちするドネア

クネスを鍛えていることが分かります。さらにドネアにはフィジカル専門のトレーナーがついており、最先端のフィジカルトレーニングでボクシングの動きにアジャストしたものをやっているという印象を受けます。

日本人とフィリピン人を比較した場合、関節の柔らかさなど、多少の違いはありますが、身体能力的に大きな差があるわけではありません。パッキャオやドネアの躍進には技術やトレーニングに裏打ちされたものがあると言えるでしょう。

伝統派空手経験者の活躍にみる進化

近年、総合格闘技やキックボクシングにおいて、伝統派空手などをバックボーンに持つ選手が活躍しています。ボクシングにもこういった流れがあり、特にアマチュアボクシングで上位に入るヨーロッパ圏の選手たちは伝統派空手に近い動きをしています。

これは体の使い方、具体的には体の軸をどう設定して動くか、という部分で説明することが出来ます。

これまで一般的なボクシングでは、体の中心にセンターに一本の軸を作り、そこを基点に体を回転させたり、捻りを加えてパンチを打っていました。しかし伝統派空手では、体の中心と左右どちらかに二つの軸を作り、回転運動や捻りではなく、軸そのものをスライドさせてパンチ（突き）を打っています。

例えば右ストレート（右直突き）を打つ時、前者は下半身はしっかりと踏ん張り、右足で踏み込みながら、体の中心軸から右半身を回転させて右腕を出すという打ち方。後者は体の中心軸と右半身に二つの軸を作り、右足で地面を蹴ると同時に二つの軸を前にスライドさせて右腕を出す打ち方です。

踏み込みを回転エネルギーに変えるのが前者、踏み込みを前への移動エネルギーに変えるのが後者だと考えてもらえれば分かりやすいと思います。

この体の使い方はランニングにも用いられています。スタートからゴールまで一直線上を走ろうとすれば、そのライン上に一本の軸を作り、そこを基点に骨盤を左右に回転させながら走ります。逆に右足・左足でそれぞれ二つの直線を引き、そのライン上を走ろうとすれば、骨盤を動かさずにそのまま移動するように走るはずです。

　このように体の軸を一つにするか、二つにするか、という考え方は、体の使い方として、ボクシングに限らず、幅広く多くのスポーツで語られているところです。ボクシングに落とし込めば、二本の軸でパンチを打つと、一本の軸よりもかなり遠い距離からパンチを当てられ、そしてすぐに元の位置に戻ることが出来ます。回転運動と移動運動を比較すると、移動に直結する動きの方が目標までの到達スピードは速い。伝統派空手の離れた間合いから一瞬で飛び込むという動きは体を二軸にして動かすという要素が含まれているのです。

　ではなぜアマチュアボクシングで体を二軸にする選手が増えたのか。それはアマチュアボクシングのルールによるところが大きいと言えるでしょう。

　アマチュアボクシングは頻繁にルールが変わる競技で、北京五輪まではパンチの強さ・弱さに関係なくパンチを当てればポイントになる傾向があり、タッチボクシングとも表現されていました。こうしたルールの場合、パンチを強く打つより、いかに相手のパンチをもらわない距離か

ＷＫＦスタイル（＝伝統派）の空手においては、遠い間合いから、前足の膝の脱力ともに後ろ足で踏み込み、同時に突きを出す

アメリカの総合格闘技イベントＵＦＣにおいて、ステップインの前進移動と同時に右ストレートを繰り出すリョート・マチダ。松濤館空手出身、第10代ＵＦＣライトヘビー級王者

ら自分が速くパンチを当てるか、が重要になります。それに適したものが伝統派空手の動きで、さらに言えば体を二軸にするパンチの打ち方・スタイルなのです。

アマチュアボクシングで二軸の選手が増えたのは、そうしたルールの流れが影響しています。北京五輪の後、再び、より強打が求められるルールに変わりつつあるので、二つの軸ではなく一つの軸で、体を左右に振って強打を打つスタイルも復権を果たしつつあります。

ただしパッキャオは、飛び込み式ストレートなど二つの軸で飛び込み、最後は一つの軸で強打を打つという体の使い方をしています。今後も二つの軸による体を使い方を活かしたボクシングのスタイルが増えてくる可能性もあると思います。

トレーニング法にみる進化

トレーニング方法・理論も変わりつつあります。以前はフィジカルを鍛えるといえば、安定した場所で重いものを持ち上げる……一番力を出しやすいシチュエーションで最大の力を出すという、一般的にウエイトトレーニングと呼ばれるものがほとんどでした。

ところが最近ではあえて不安定な場所でものを持ち上げる……力を出しにくいシチュエーションで力を出す動作をすることが多く、不安定な

全身を連動させてロープを振るトレーニング（行っているのは、ロンドン五輪・柔道60キロ級銀メダルの平岡拓晃）

場所で練習することで普段は鍛えられない体の部位を強化する傾向があります。それがいわゆるファンクショナル・トレーニングと言われるものです。腕・足といった身体の末端だけでなく、“体幹”の大きな筋肉から四肢を連動させるかたちでのファンクショナル・トレーニングは、ボクシング界においても潮流となりつつあります。

みなさんも海外のトレーニング映像などで、綱引きのような太いロープを両手で持って上下に振るトレーニングを見たことがあるかもしれません。一見、何の練習か分かりづらいものですが、あれは非常にいいトレーニングです。実際にやってみると分かりますが、まずロープそのものを振るために強い腕力が必要で、またしっかりと踏ん張ってバランスをキープしていなければ、ロープの重みに引っ張られて転んでしまいます。またバランスをキープしたまま動き続けるという部分では、階段ダッシュのような効果もあります。腕力・バランス・心肺を同時に鍛えることが出来る、非常に効率のいいトレーニングだと言っていいでしょう。

またUFC世界ウェルター級王者のジョルジュ・サンピエールはあん馬や吊り輪といった体操競技の動きをトレーニングに取り入れています。体操選手の筋量やバランスの良さはずば抜けており、今後、体操のトレーニングを格闘技に取り入れるケースも増えていくかもしれません。

このように、わずか３年の間にも、ボクシングの技術やトレーニング方法は進化を遂げています。その日々進化を続けるボクシング技術を書籍・DVDという形でまとめあげたもの、それがこの「もっとも新しいボクシングの教科書」です。本作では、前作以上に踏み込んで、現在のトップ選手の最先端技術を解説しました。また書面だけでは伝わりにくかった部分を映像によって、より分かりやすく解説しています。本作を手にとった方たちにも熱意と研究とで、技術をさらに進化させてもらえればと思います。

最後に、本作品の制作にゴーサインを下さった、現在の私のボスである、敬愛する具志堅用高会長（白井・具志堅スポーツジム）に特別な感謝を申し上げます。

もちろん私と共に歩んでくれた選手、これからも歩んでくれる選手のみんなにも。

CONTENTS

各ページの写真中に添えられている矢印（ ──➤ ）は、その部分が、前のコマから移動した軌跡を示します。
点線の矢印（ ----➤ ）は、実際に移動したのではなく、その方向に力が加えられたことを示します。

付録DVD内容　書籍には未掲載で、DVDのみ収録の内容もアリ！

付録DVDでは、本書の内容のうち、動作のスピードやタイミング、リズムを把握することが重要な項目を、映像にて解説します。また、著者の前著「まったく新しいボクシングの教科書」のなかから、映像をみることによってより理解が深まると思われる項目を抜粋し、あらたに撮影を行い、このDVDに追加収録いたしました（下表の赤字項目）。さらに、本書でも「まったく新しいボクシングの教科書」でも、一切、写真と説明文による解説は載せていない、DVDのみ収録の内容もあります（下表の青字項目に含まれます）。とくにミット打ちにかんしては「オーソドックススタイルの選手と対戦するサウスポー選手のパンチの受け方」「サウスポーの選手と対戦するオーソドックススタイルの選手のパンチの受け方」など、さまざまなケースへの対応を紹介しています。DVDの映像総収録時間は約87分。

Part.1　強いパンチを打つ体の使い方
01　基本的な体の使い方
02　ブレーキを意識した動き
03　フォロースルーと角度
04　クイックステップ
Part.2　パンチを当てる・効かせる技術
01　消えるパンチ
02　アッパーを当てる確率を上げる
03　脳を揺らすパンチ
04　ボディブローを効かせる
05　相手に読まれない体重移動
06　バックステップからのパンチ
Part.3　パンチの新スタンダード
01　パッキャオ式飛び込みストレート
02　ボラート
03　膝を曲げないストレート
04　縦拳で打つパンチ
05　ジャブを追い越すストレート
06　ポンサクレック式コーディネーション
07　落下運動で強打を連続で打つ
08　L字ガード
Part.4　ディフェンスに応じたパンチ
01　パンチを当てるための思考と戦略
02　亀ガードへの対処法
Part.5　トレーニング方法
01　ミット打ち
02　サンドバッグ
03　ダブルボール
04　シングルボール
Part.6　特典映像
・左フックのバリエーション
・踏込と同時に打つ左アッパー
・パンチを打つ際の脚と腕の動きの同調
・バンテージの巻き方

Part.1

強い
パンチを打つ
体の使い方

→

Chapter

01 基本的な体の使い方

強いパンチを打つためには、体を中心で二つに分け、
片側だけを動かさなければならない。
まずはその体の使い方を覚える練習方法を紹介する。

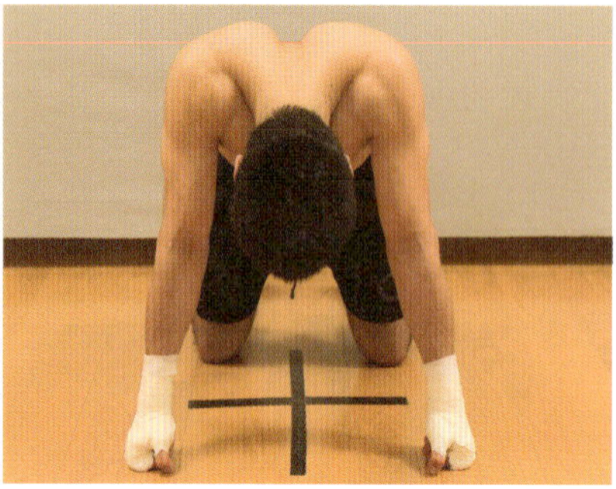

体の左右を別々に動かす

肩甲骨の開閉

腕立て伏せのような姿勢で、両方の肩甲骨を閉じる・開くという運動をする。まずはこれが基本中の基本だ。

閉じる

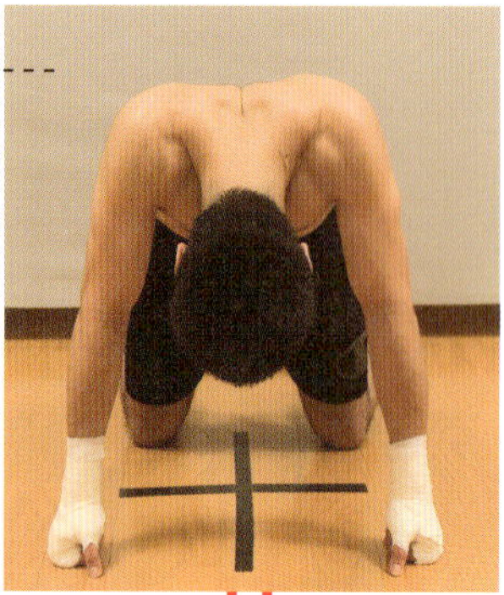

開く

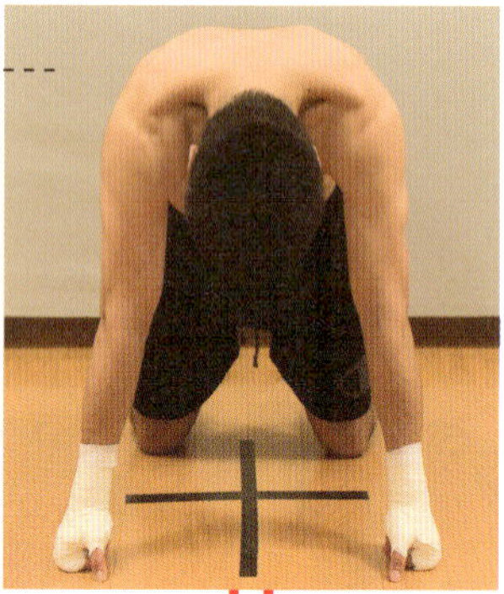

肩甲骨を片方ずつ開閉

肩甲骨の開閉ができるようになったら、次は左右片方ずつの肩甲骨を閉じて開く。

左を閉・右を開

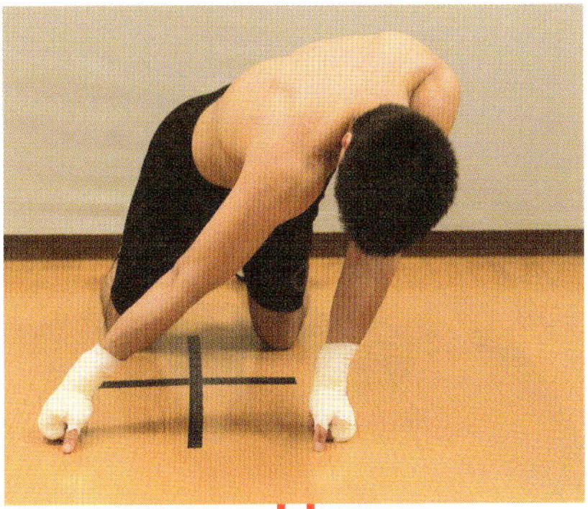

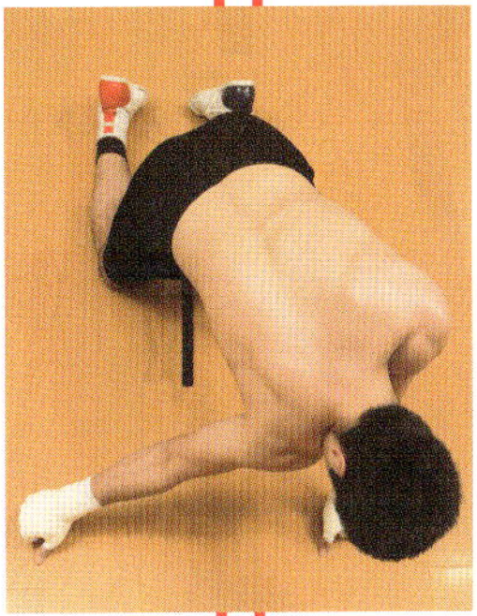

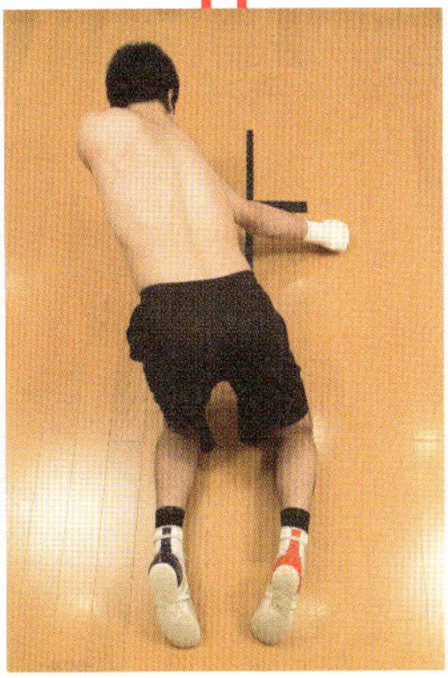

右を閉・左を開

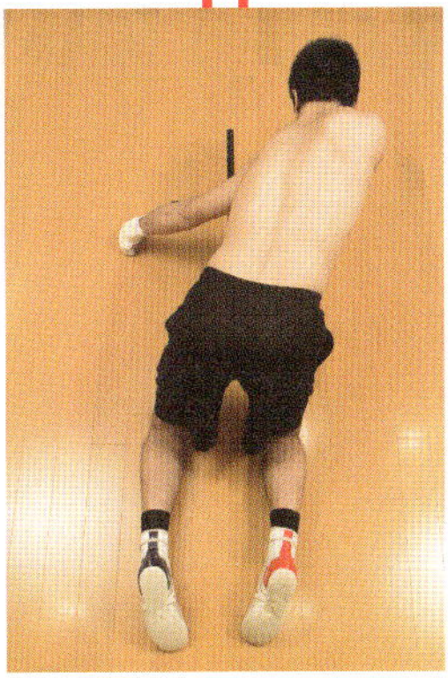

肩甲骨を片方ずつ開閉→捻りを加える

そして自由に肩甲骨を開閉できるようになったら、今度は左右に捻りを加える。基本的には肩甲骨を動かしているが、捻りを加えることでろっ骨や脇腹がどう動くかも分かる。この動きをやることで体の左右を別々に動かす感覚＝強いパンチを打つための体の動かし方につながるのだ。

左を閉・右を開＋捻

右を閉・左を開＋捻

POINT

なぜ体の左右を別々に動かすのか？

例えば右ストレートを打つ時、右半身を前に出し、左半身は動かさない。これで自分の体にブレーキがかかり、力は外に逃げず、強いパンチを打つことが出来る。逆に体が一枚板のように左右同時に動くと、力が外に逃げてしまい、強いパンチを打つことが出来ない。

右ストレート

○

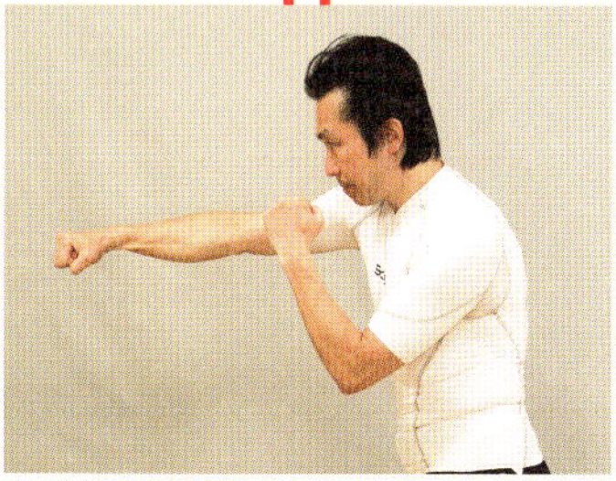

×

左フック

○

×

右ストレートを左膝の外側にゆっくり打つ

強いパンチを打つためには腹筋の収縮が必要となる。その腹筋の動きを覚えるために、右ストレートを自分の左膝の外側に向かって斜め下にゆっくりと打ち下ろす。こうすることで腹筋が自分の中心に向かって収縮する。

FRONT

SIDE

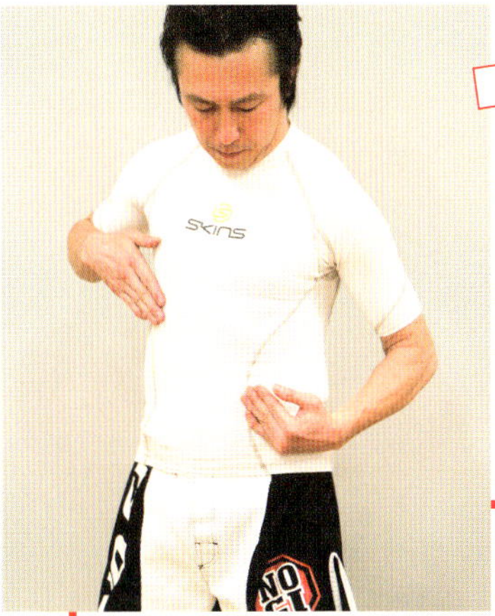

POINT

腹筋の収縮を意識する

腹筋が収縮した状態で強いパンチを打つことが可能。逆に腹筋が伸びてストレッチされている状態で強いパンチは打てない。ここでは腹筋の収縮を意識することが大切だ。この動作で腹筋が収縮する感覚を覚えたら、同じ動きのまま左斜め下に打っていたストレートを相手に向かって打てば強い右ストレートが打てるようになる。自分の腹筋が中心に向かって収縮する意識づけが、このトレーニングの目的だ。

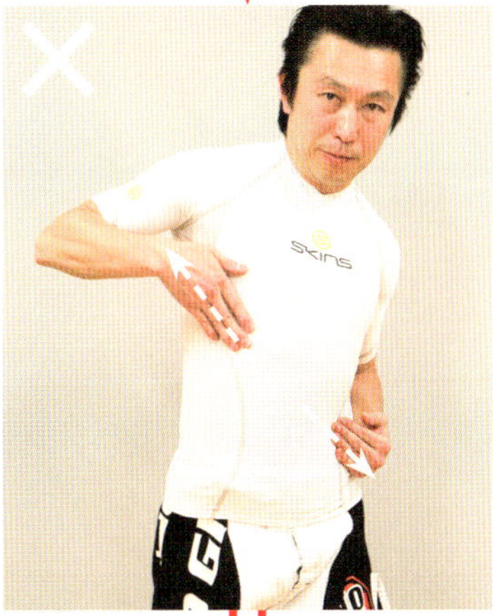

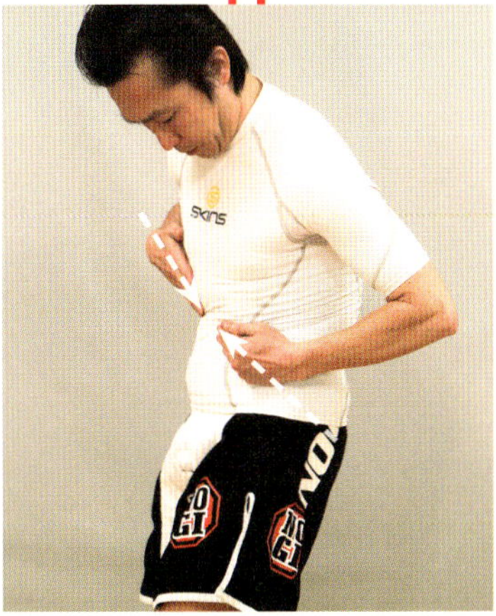

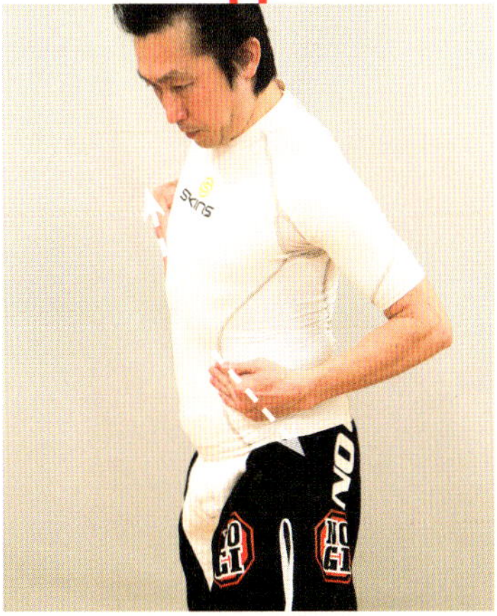

Chapter

02 ブレーキを意識した動き

前項でも説明したように、上半身を左右別々に動かすことが
強いパンチを打つための基本となる。
パンチを打つ腕と逆サイドの体の使い方を意識した練習方法を紹介しよう。

反対の手を小指から内側に絞り込む

パンチを打つ時、逆側の手を小指側から内側に絞り込む。これで肘が自分の中心に入り、体のブレーキとなる。手を内側に絞ることで体にブレーキがかかる感覚が分かり、その意識づけになる。この動きが理解できるようになったら、手を内側に回さずに打つようにしよう。

右ストレート

左フック

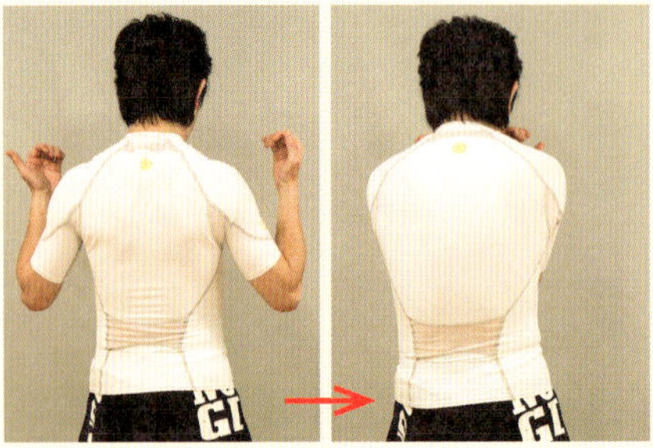

肩甲骨の動きを見ると…

体にブレーキがかかっていると、パンチを打った時に閉じていた肩甲骨が開く。背中側から見れば、小指を内側に絞り込む動きで肩甲骨が開いていることが分かるだろう。

パンチを打つ時に逆側の手で胸を叩く

右ストレートを打つ時、右半身を前に出しながら、左手で左胸を叩く。左手に左半身が向かっていくようなイメージで右ストレートを打つ。左右の体が別々に動いていれば、左手で左胸を叩くと「バン！」と大きな音が出るはずだ。左フックも同様に左半身を前に出しながら右手で右胸を叩く。左右の体が別々に動いていれば、右ストレートと同じように胸を叩いた音が出るだろう。

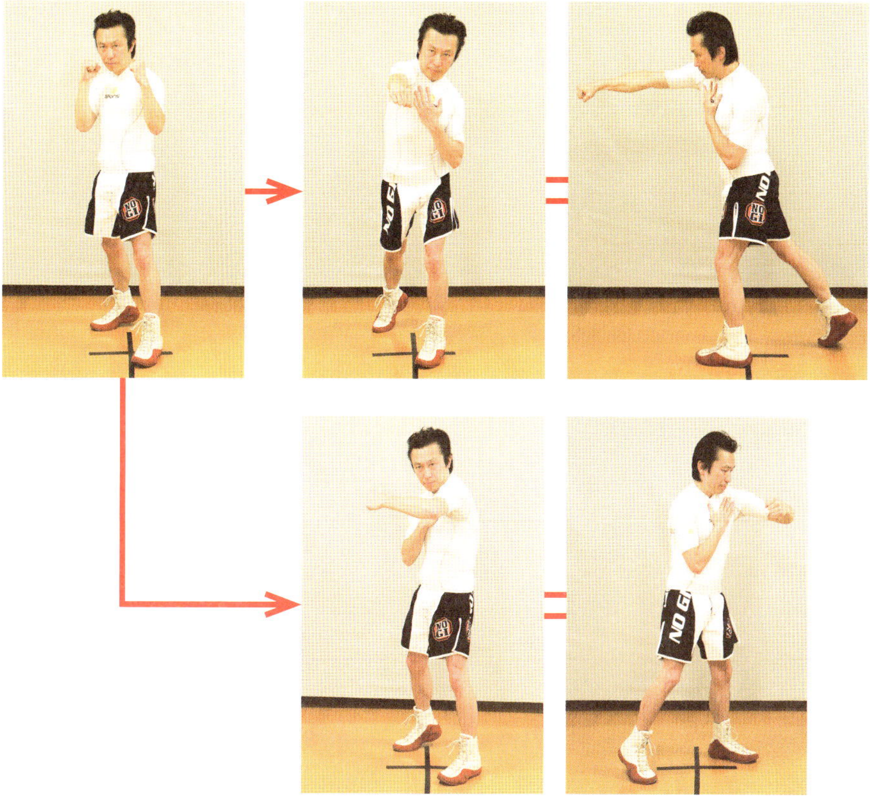

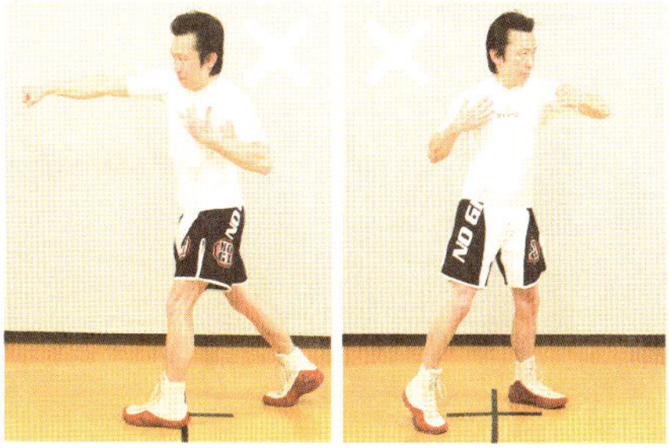

誤ったフォーム

もし上半身が左右別々ではなく、一枚板のように動いていると、自分の胸を叩くことが出来ない。

Chapter

03 フォロースルーと角度

パンチを当てた後の動き＝フォロースルーはパンチの威力を左右する。
強いパンチを打つために正しいフォロースルーと角度を覚えよう。

パイプを使ってその中にパンチを打つ

左ストレート

左フック

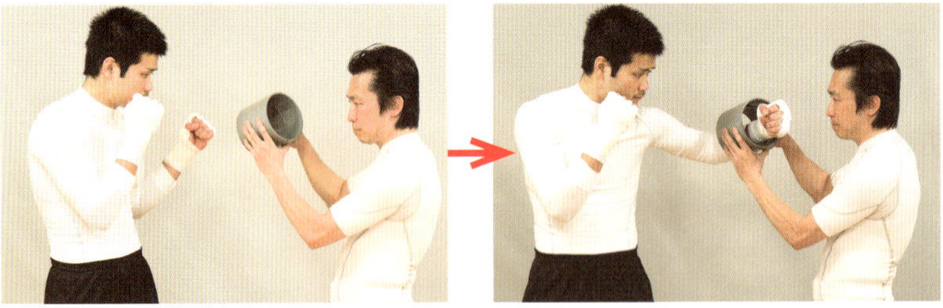

右アッパー

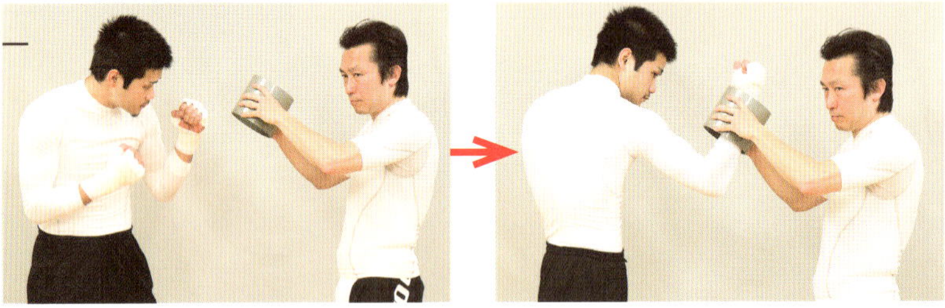

標的に対して直角に拳が当たり、その方向に真っ直ぐフォロースルーが効いたパンチが理想的な打ち方。その感覚を養うためのトレーニングがこれだ。相手にパイプやリングなど輪っか状のものを持ってもらい、それを色んな場所や角度に出してもらう。そのパイプ・リングの中を拳が通り抜けるようパンチを打つ。パンチと軌道と同じ方向に真っ直ぐフォロースルーが出来ていれば、拳がパイプ・リングに当たることはないが、フォロースルーの方向が間違っていると、拳がパイプ・リングにぶつかってしまう。

DVD VIDEO 野木トレーナーの特注ミットによる実演はDVDでチェック！

腕を伸ばして相手の肩をプッシュする

腕を曲げずに伸ばして、相手の肩に手を置く。腕が伸びた状態をキープしたまま、自分の肩を使って相手の肩を押す。腕が伸びたまま、肩が自分の顔よりも前に出るように意識する。この動きがパンチのフォロースルーと同じ体の使い方になっている。

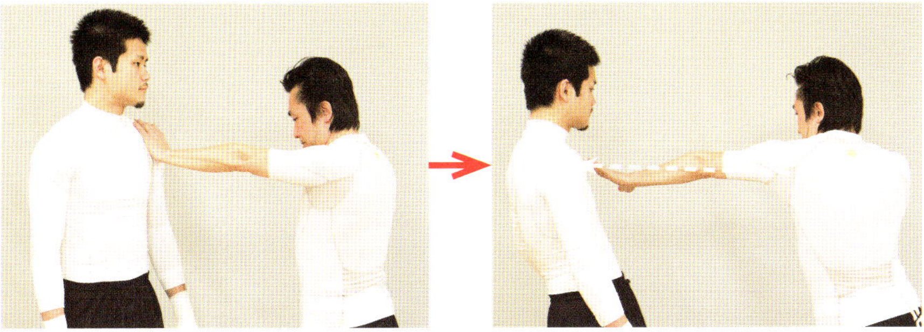

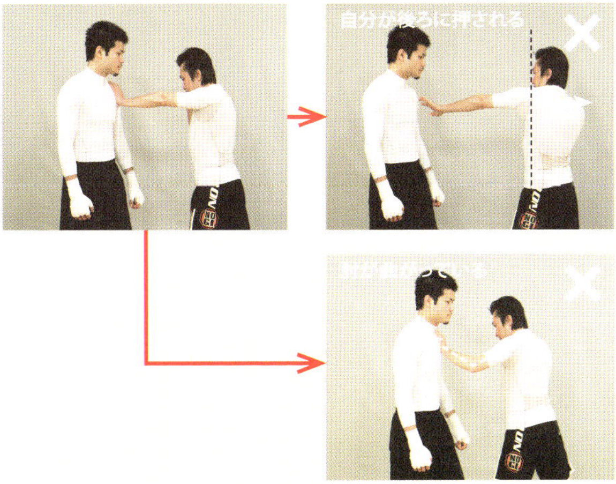

誤った体の使い方

相手の体を押した時、肩が自分の顔より前に出ず、自分が後ろに押されたり、肘が曲がっていると、フォロースルーが効いていないことになり、こういった体の使い方では相手に力を伝えることが難しい。

Chapter 04 クイックステップ

ボクシングではパンチそのものを強く打つための体の使い方と共に
相手との距離を詰めるための動き＝ステップも必要とされる。
少しでも速くステップする方法を解説する。

重心移動の反射でスピードを上げる

右への移動は右→左の順で足を移動させるのが基本となるが、より素早くステップするために、先に左足を動かし、それを利用して右に移動するという技術がある。(1)構えた状態から(2)まず左足を移動方向とは逆(左)に動かし、一瞬だけ重心を左に移動させる。(3)・(4)そして重心移動の反射を利用して(5)・(6)一気に右へステップする。実際の試合などでよく使われるもので、基本的なステップから派生したより実践的なステップ技術だ。

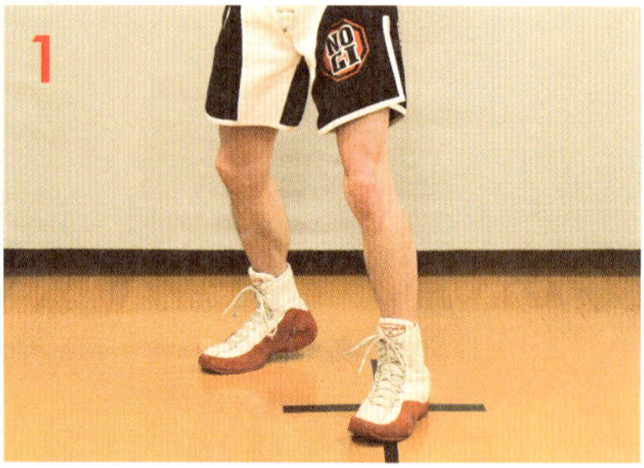

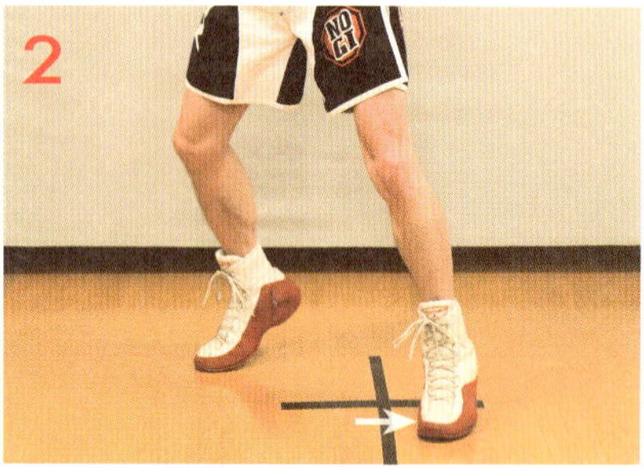

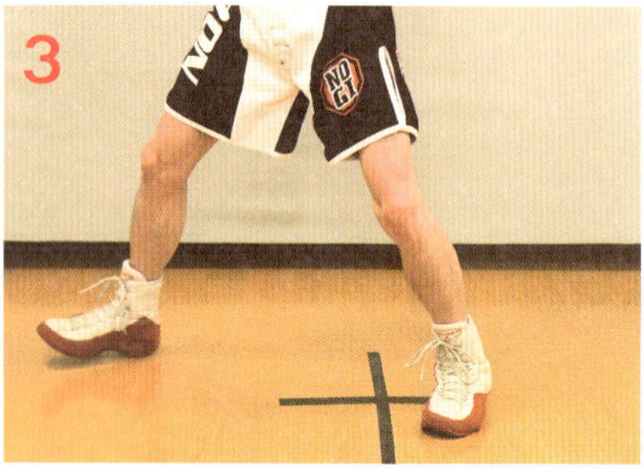

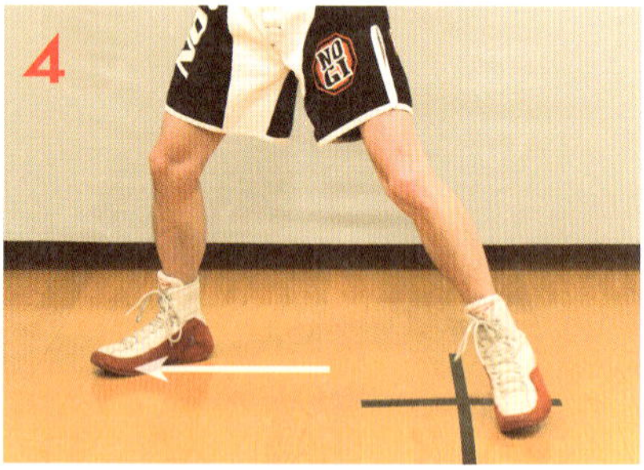

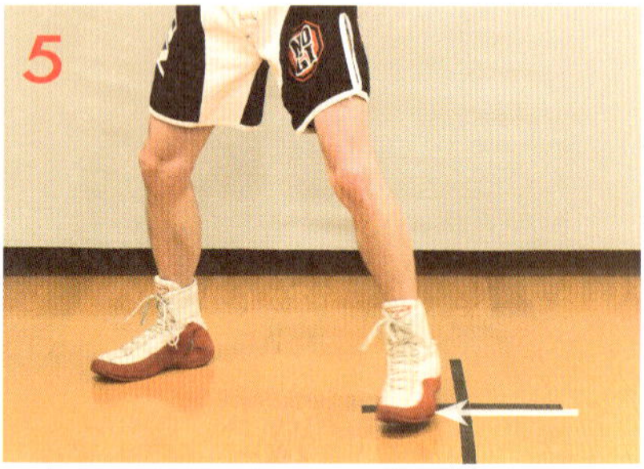

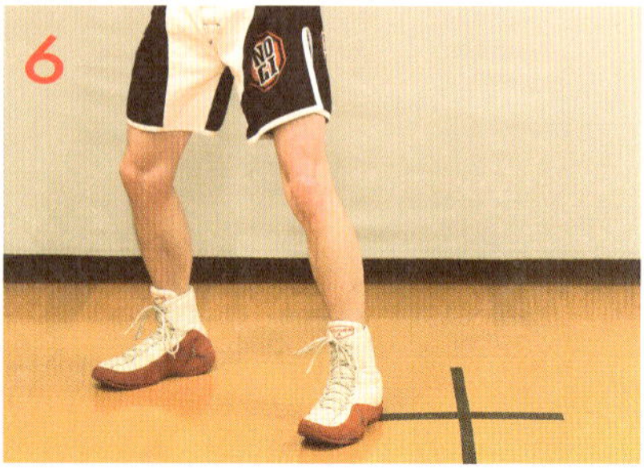

1

2

3

4

5

6

基本のステップ

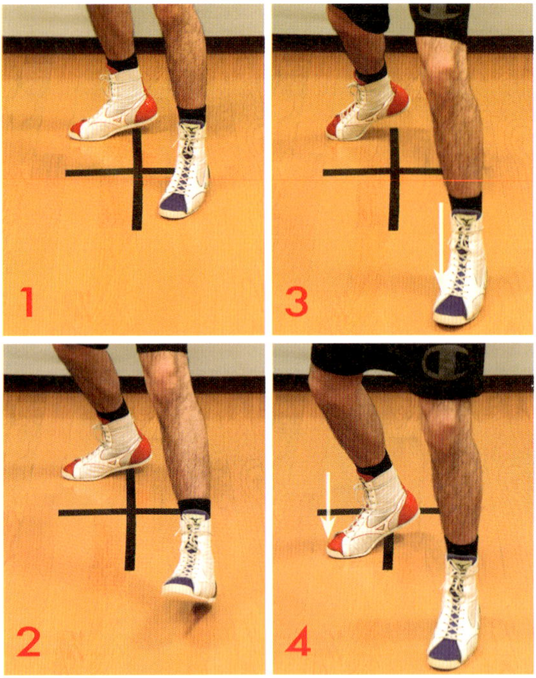

前後

ステップの基本は自分が進む方向の足が先に動き、その後に逆の足がついてくる。例えば前に10cm進む場合は左足を10cm前に進め、その後に右足を10cm前に進める。動き終わった後にスタンスや構えが変わってはいけない。

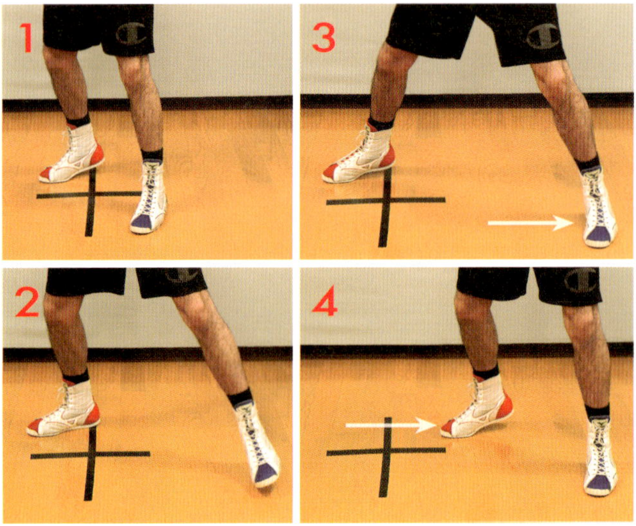

左右

左右のステップもこれと同じで左に動く場合は左足を移動させ、次に右足。右に動く場合は右足を移動させ、その後に左足を移動させる。

Part.2

パンチを当てる効かせる技術

Chapter

01 消えるパンチ

どこからパンチが来るのかを相手に予測させなければ、
パンチが当たる確率は高くなる。
ここではそのための技術を紹介しよう。

パンチを打たない方の手で拳を隠す

構えた状態から、右肩を前に出すようにし、右腕で相手に壁を作るようなイメージで、左の拳を相手の視界から消してしまう。こうして拳の出所を相手に見せないようにしたまま左ボディ、左アッパー左フックを打つ。相手としてはどこからパンチが飛んでくるか分からないため、ディフェンスしにくい。

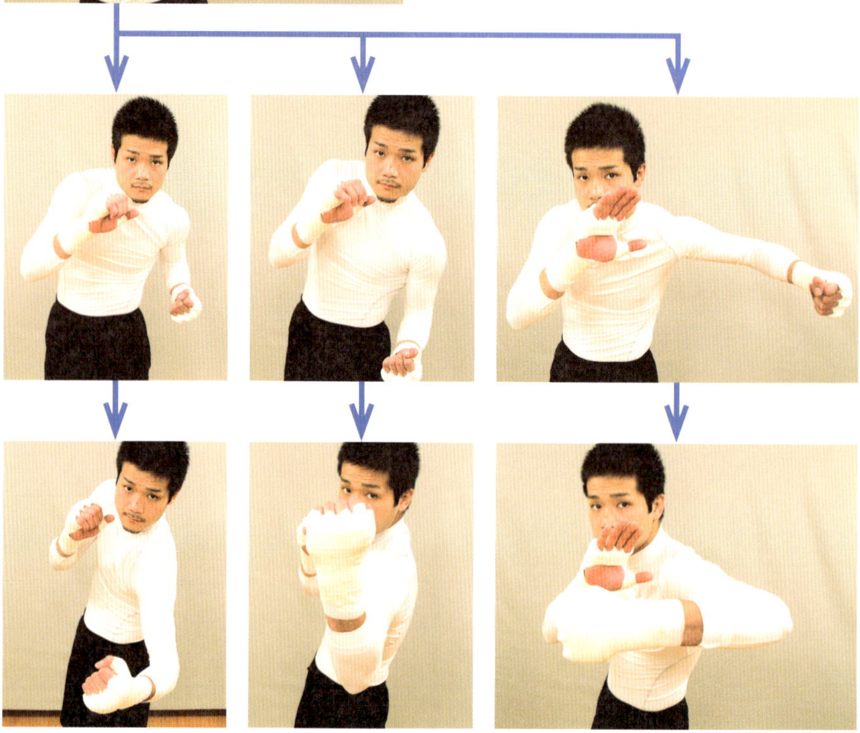

左ボディ　　左アッパー　　左フック

相手の視界そのものを隠す

また応用的に右手を開いて相手の視界そのものを隠してしまってもよい。実戦的な使い方としては左ボディを何度か打っておいて、一瞬、左の拳を隠す。相手は左ボディが来ると思ってディフェンスするので、それをフェイントにして左アッパー・左フックを当てる。

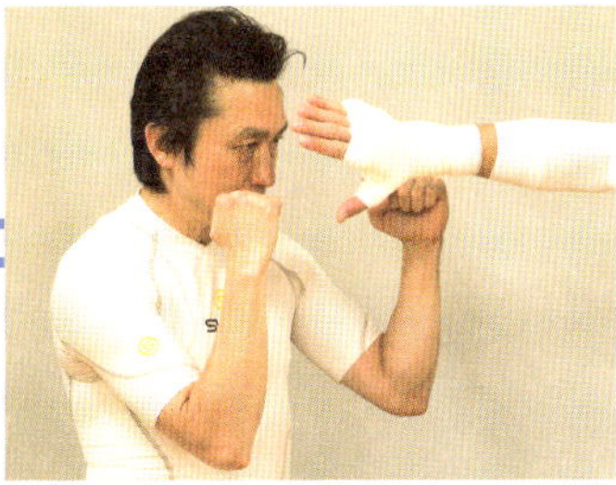

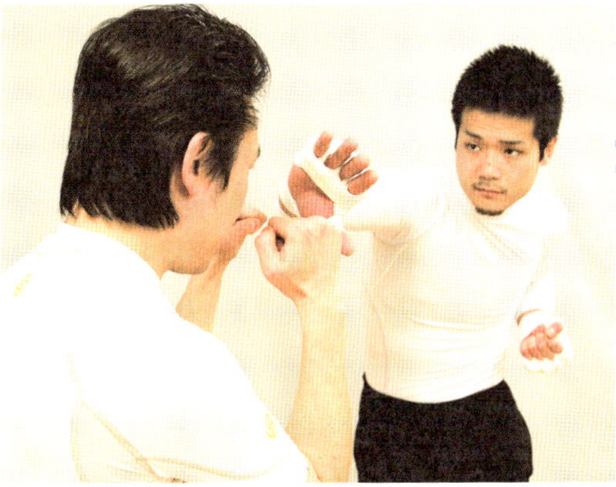

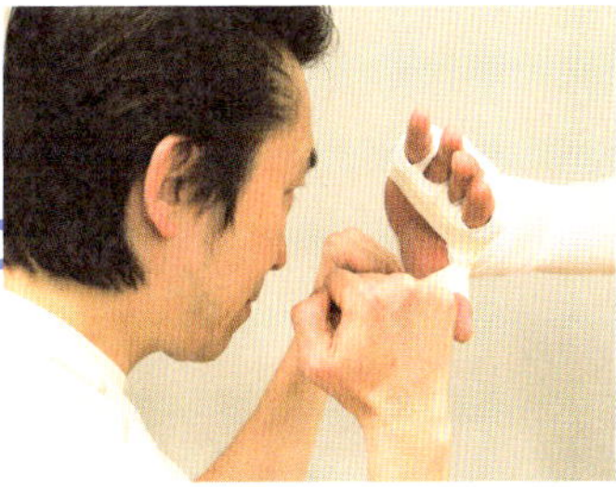

Chapter
02 アッパーを当てる確率を上げる

下から突き上げて打つアッパーは距離や角度を調整する必要があり、
当てることが難しいとされるパンチだ。
しかし少し工夫を加えるだけでアッパーを当てる確率が上がる。

アッパーは曲線ではなく直線で打つ

アッパーは下から突き上げて打つパンチで、フックのように曲線・弧を描いて、自分側に向けて打つ選手が多い。しかし、この打ち方では自分と相手がかなり近い距離にいなければ当たらない。そこで（1）構えた状態から（2）・（3）左手を下げて、アッパーを打ち始める。ここで（4-1）拳が直線で相手に届くように真っ直にアッパーを打つ。（4-2）曲線を描いて、自分の頭上に向けて打つアッパーは一般的ではあるが、推奨しない。

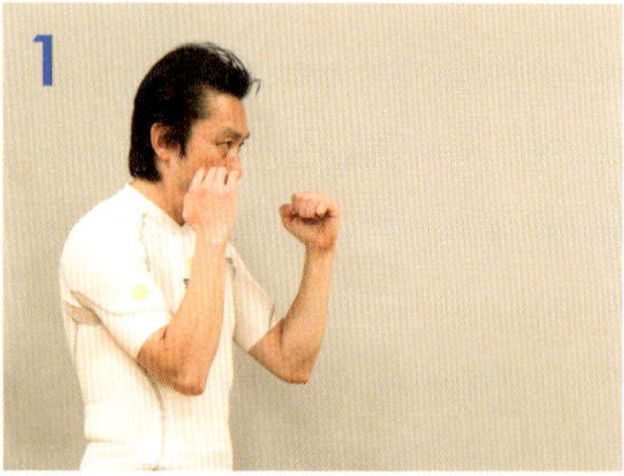
1

2

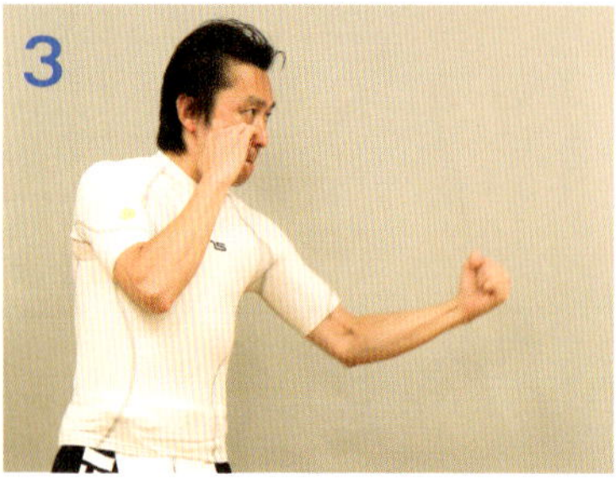
3

直線で打つ

4-1

曲線で打つ

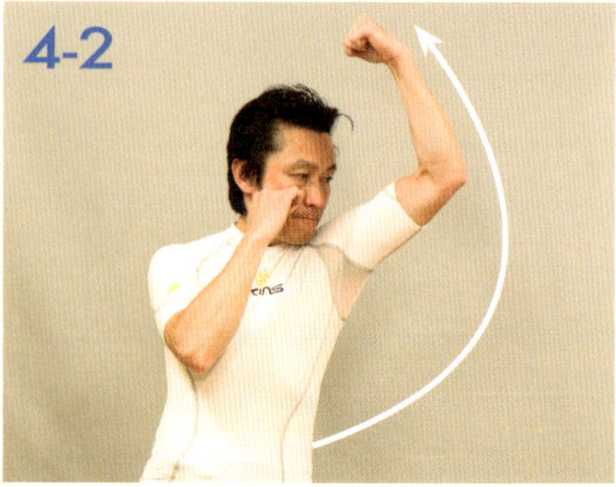
4-2

直線・曲線の距離の違い

この打ち方でアッパーを打てば、相手が遠い距離にいてもアッパーを当てることが出来る。アッパー＝下から打つフックではなく、下から打つストレートという意識を持つことで、離れた相手にもアッパーを当てることが出来て、リ　ドブローとしても使える。アッパーは決して近距離でしか使えない・リスクの大きなパンチではないのだ。

1

2

3

直線＝遠距離でも当たる

4-1

曲線＝近距離でしか当たらない

4-2

Chapter

03 脳を揺らすパンチ

パンチを効かせるために必要なことは相手の脳を揺らすこと。
パンチが当たって真っ直ぐにフォロースルーを効かせて強いパンチを打つのが基本だが、相手の脳を揺らすことだけを考えた応用的な打ち方がある。

拳を返して顎先をかする左フック

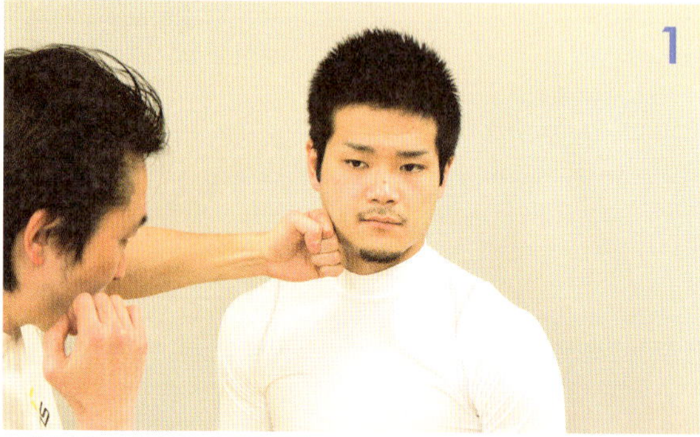

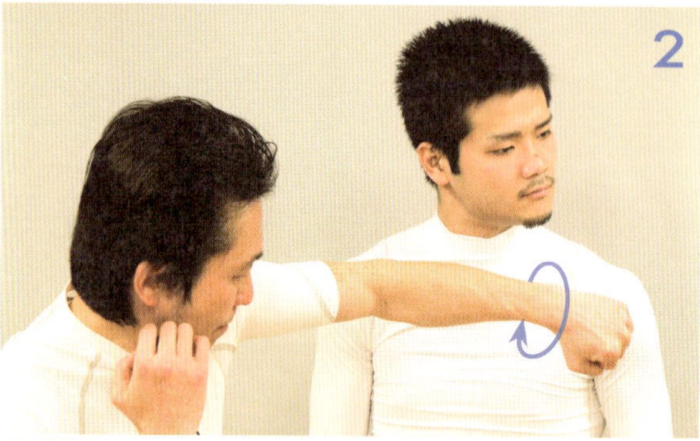

相手の脳を揺らすためには、顎の先端をかするように打つパンチが効果的。そこで（1）左フックで相手の顎の先端をかするように狙い、(2)～（3）パンチが当たる瞬間に肘を跳ね上げて拳を返して捻りを加えて、相手の脳を揺らす。自分の手のひらが相手に向くように捻りを加える。パンチが顎先をかすめると、首の骨の最上部の頭がい骨と繋がっている部分（第一頸椎）が中心となって顎先と頭部が点対称に動く。これで頭＝脳が揺れることになる。

コークスクリューブロー

FRONT

漫画「あしたのジョー」に登場するホセ・メンドーサの必殺技として有名なコークスクリューブローも脳を揺らすパンチ。(1) 構えた状態から（2）右ストレートを打ち始め、(3) 肘を跳ね上げて、(4) 肩を返すようにする。(5) そのまま拳を返して捻りを加えて、相手の脳を揺らす。

SIDE

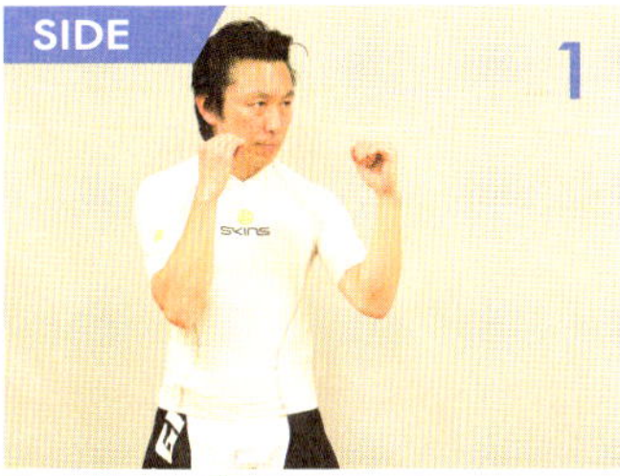

Chapter 04 ボディブローを効かせる

ボディブローを打つと、相手は腕によるブロック、
腹筋の収縮運動でディフェンスする。
そのディフェンスを崩し、ボディブローを効かせる打ち方を紹介する。

当たってから拳を握るボディブロー

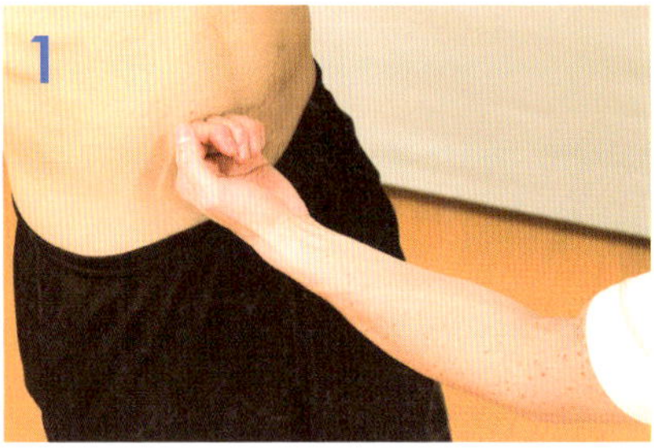

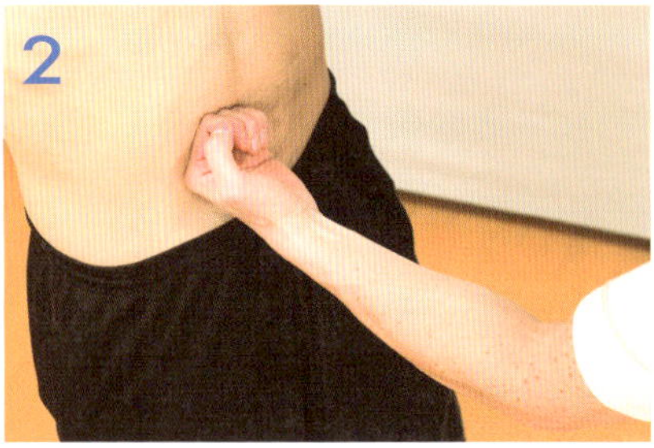

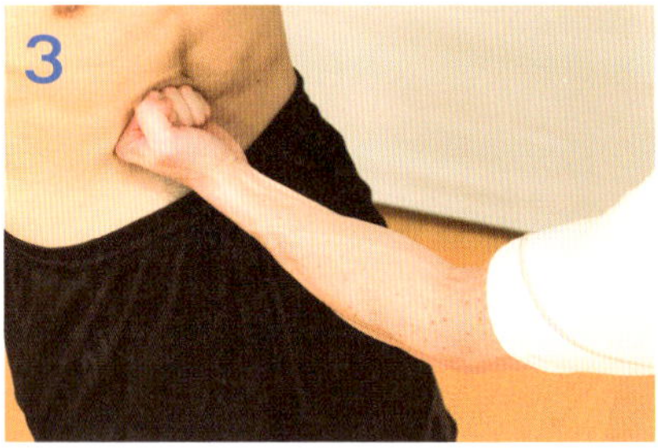

普段から腹筋を鍛えて、腹筋の収縮運動でパンチをはじき返すことがボディブローのディフェンスとして重要なファクターとなる。筋肉には固いものがぶつかると収縮運動が早くなる特長がある。そこでボディブローを打つ時は、(1)あえて拳を握らずに柔らかい状態にして、(2)パンチが当たってから(3)拳を握りこむようにする。こうすることで腹筋の収縮運動がワンテンポ遅れて、ボディを効かせることが出来る。

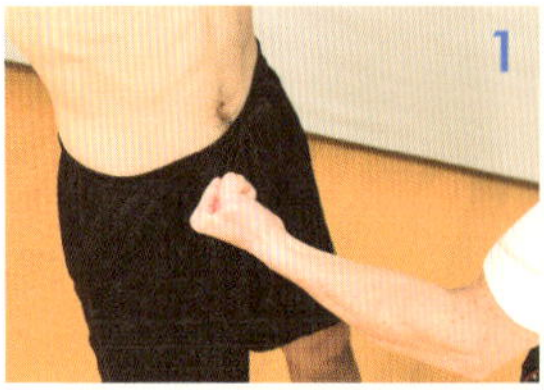

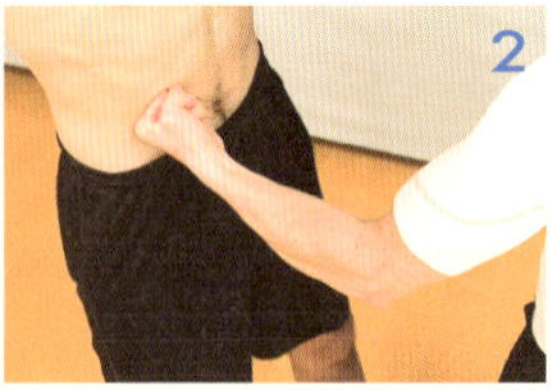

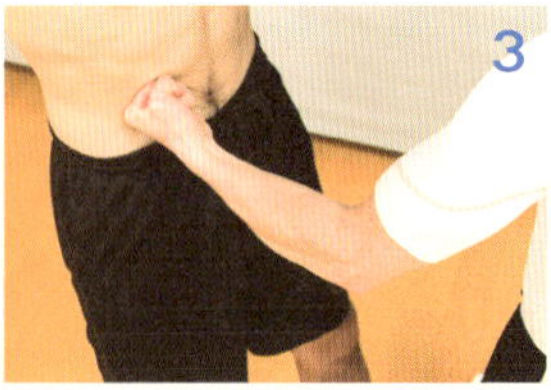

一般的なボディブロー

(1)逆にがっちり拳を握った固いパンチで(2)ボディを叩くと、(3)腹筋の収縮運動がスピーディに働いて効かせることが難しい。ボディブローは"握って当てる"でのはなく"当たってから握る"感覚で打つ。また腹筋の収縮運動を遅らせるという意味では、相手の呼吸を読むこともテクニックの一つ。人間は息を吸い込むとき、腹筋に収縮運動が働きにくい。そこで試合中に相手の呼吸を読み、息を吸った瞬間にボディブローを打つと効かせることが出来る。

ナックルではなく小指から当てる

一般的にパンチは拳のナックル（＝人差し指と中指の拳頭部分）を当てるものだが、（1）脇腹にボディブローを打つ場合は、（2）わざと小指から（3）拳を当てる。小指からパンチを当てると構えた状態から直線・最短距離で脇腹にパンチが当たり、相手のディフェンスが遅れる。また小指からパンチを当てることで、相手のボディに刺すような角度でパンチが当たり、より大きなダメージを与えることが出来る。一見、指を痛めてしまいそうな打ち方だが、しっかりとバンテージを巻いてボディを叩くので指を痛めることはない。

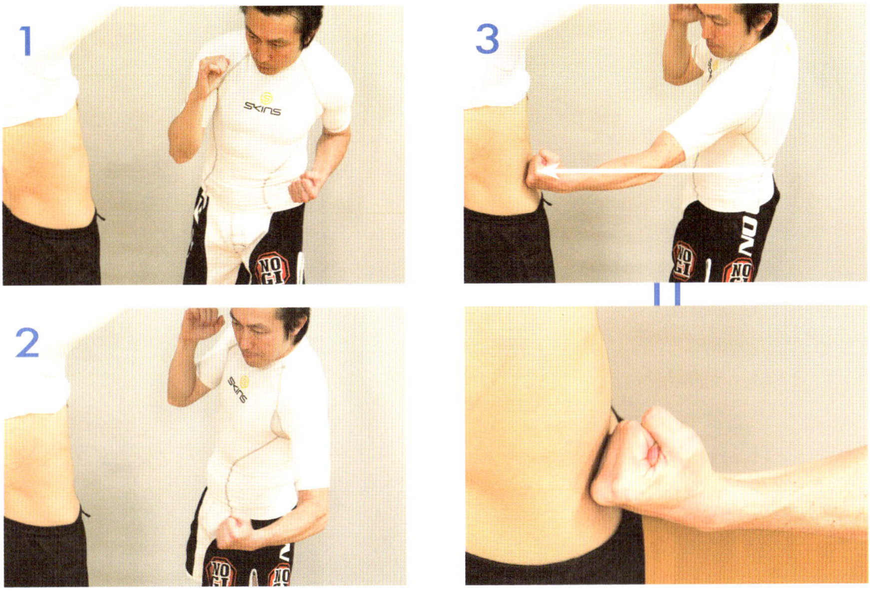

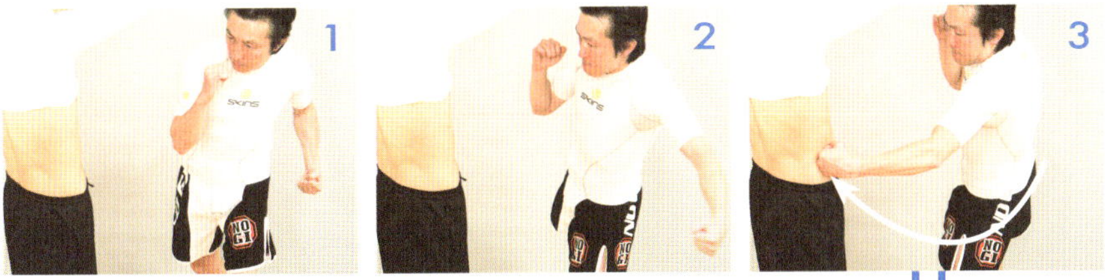

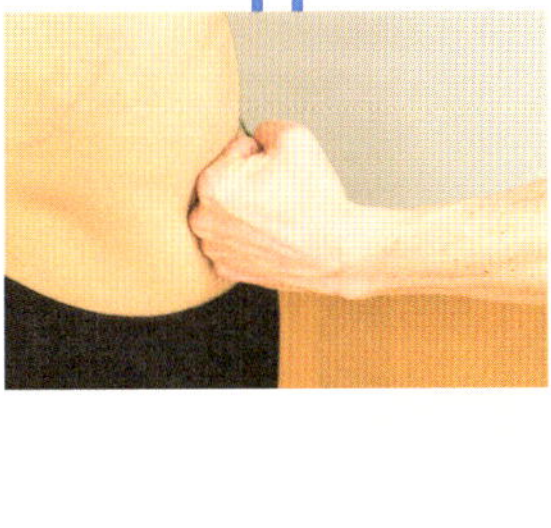

一般的なボディブロー

逆に（1）脇腹に（2）ナックルからパンチを当てようとすると、（3）構えた状態から曲線を描き、パンチが到達するまでの距離が遠くなってしまう。

Chapter
05 相手に読まれない体重移動

相手はパンチの予備動作を見て、そこからどんなパンチが来るかを
予測してディフェンスする。パンチの打ち方やフォームだけでなく、
相手に動きを悟られない体重移動がある。

予測不能な体重移動＝バランスキープ

相手に動きを読まれない理想的な体重移動は、予期せぬところでバランスを崩し、それをキープしようとする反射の動きに似ている。例えば何かにつまづいて転びそうになって踏ん張った時、自分が前後左右どう動いてバランスをキープするかを考えて動く人はいないだろう。予測不能の事態に対する反射運動は自分自身でも予測できないもので、それを第三者が予測することは不可能に近い。つまりこうした体重移動＝反射運動の中でパンチを打つことが出来れば、対戦相手に読まれることはない。この反射運動を偶発的なもので終わらせず、自分自身で意図的に起こせるようになるための練習方法がある。

タオルを使った体重移動

(1)床に敷いたタオルの上に立ち、真っ直ぐ前を向く。(2)・(3)パートナーにランダムのタイミングでタオルを引いてもらい、(4)・(5)バランスを取った瞬間にパンチを打つ。これを何度も繰り返して反射運動を体感し、その体の使い方に近いパンチを打てるように練習をする。

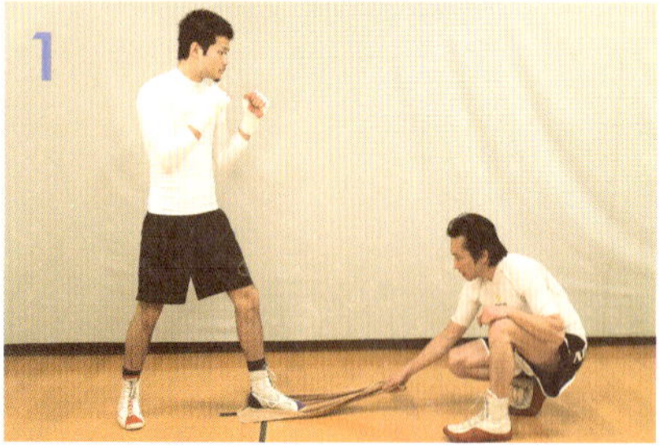

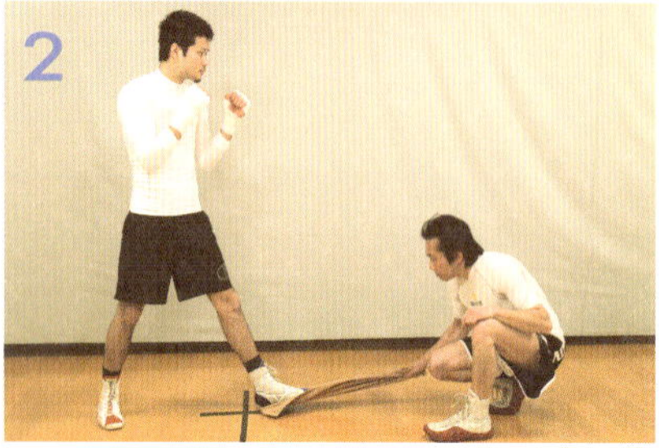

足の体重移動による反射

タオルがない状態で説明すると（1）つま先立ちの状態で（2）そのまま前に倒れていき（3）一瞬、右足かかとに体重をかけると、（4）反射運動が起こり、（5）・（6）ここでストレートを打つ。

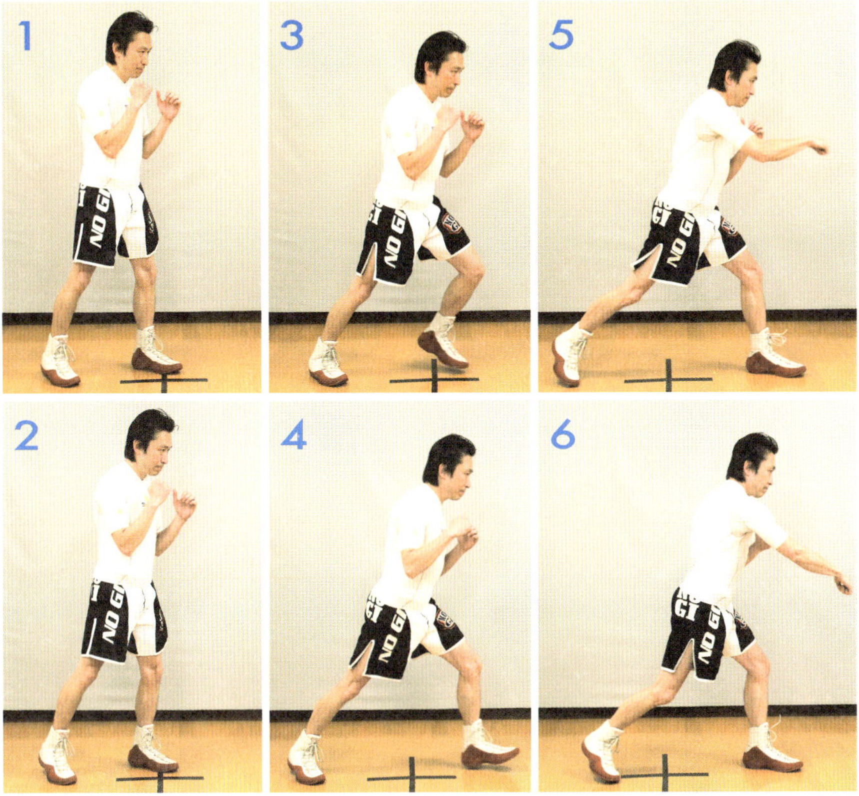

ANOTHER ANGLE

足元を
見てみると…

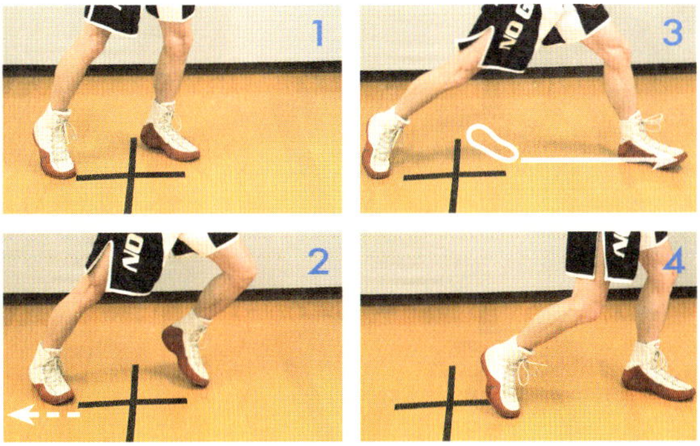

Chapter
06 バックステップからのパンチ

バックステップからのパンチは体重移動が難しく、
強いパンチにならないことが多い。
しかし正しいバックステップが出来ていれば、強いパンチを打つことが出来る。

坂道を後ろ向きで上がるようにステップ

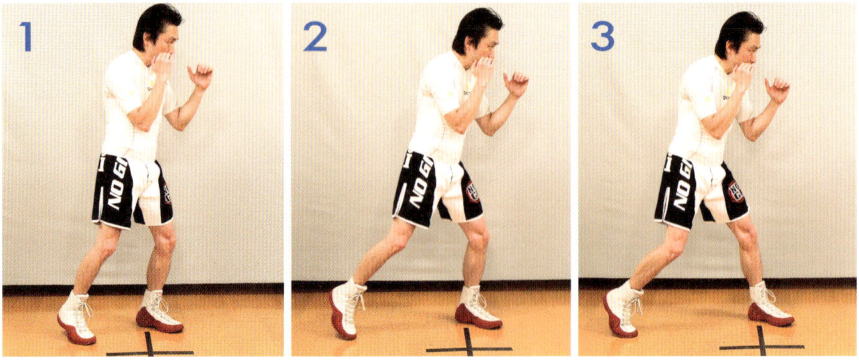

バックステップのとき、足を上から下へと下ろすのではなく、坂道を後ろ向きで上がるようなイメージ=下から上に一歩上がるようにステップする。このバックステップをすると骨盤が前傾したまま、重心や構えがずれることなく、一歩後ろに下がることが出来る。

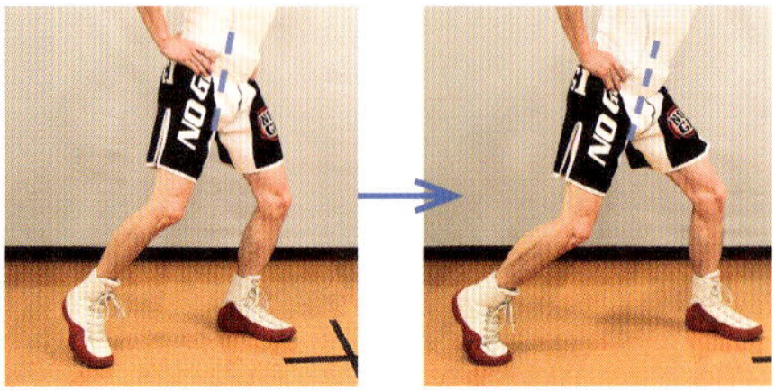

骨盤の動き

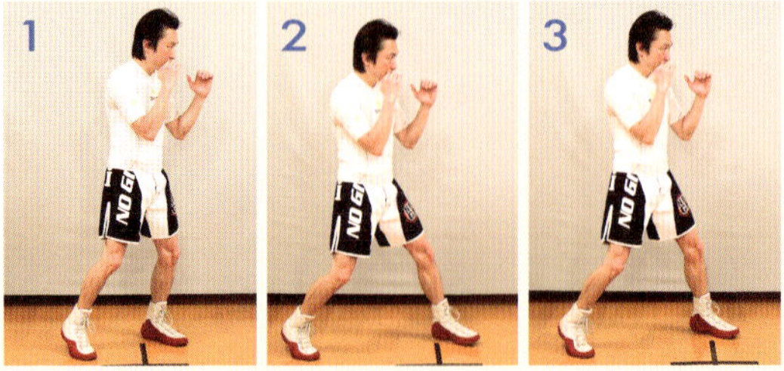

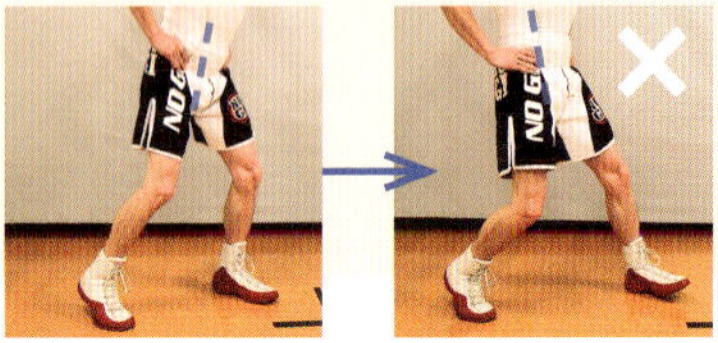

骨盤の動き

誤ったバックステップ

しかし自分の後方に足を上から下へと下ろす・体が床に向かって落ちるようにステップしまうと、骨盤が後傾して重心・構えがずれてしまう。この構えからパンチを打とうとすると、余計なワンモーションが必要になり、強いパンチを当てることが出来ない。

バックステップからの右ストレート

正しいバックステップが出来ていれば、バックステップした時にも構えが崩れることなく、通常の構えと同じように右ストレートを打つことが出来る。

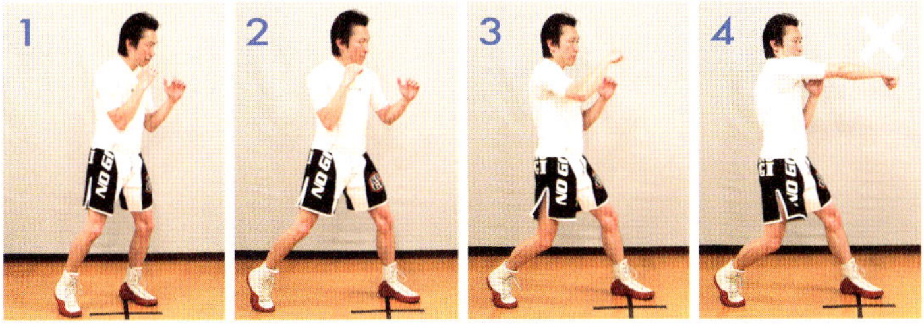

誤ったフォーム

誤ったバックステップをすると、構えが崩れてしまい、体が後傾したまま腕を伸ばしただけの右ストレートになってしまう。2つの写真を見比べれば、フォームの違いが分かるだろう。

後ろに台を置いてバックステップ

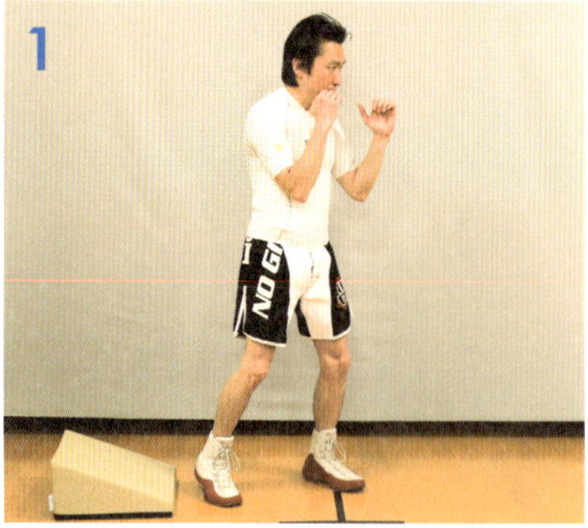

このバックステップの感覚を養うために、自分の後方に段を作り、その上に足を下ろす。上から下へと足を下ろしてしまうと「ドン!」と台を踏む音がするが、下から上に一歩上がるようにステップできていれば台を踏む音は聞こえないはずだ。

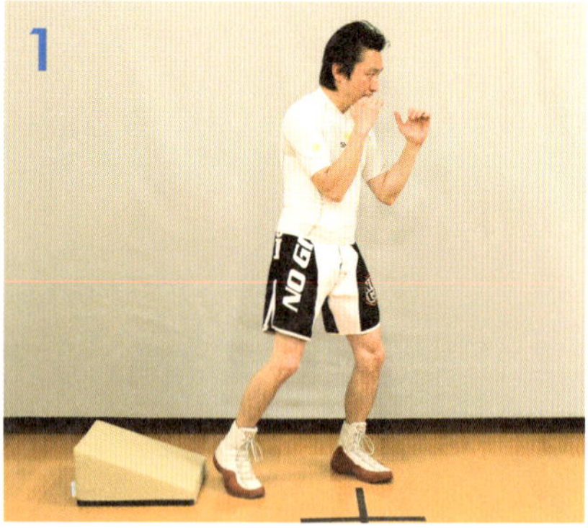

優秀なフットワークを使う選手はこのバックステップを使っている。全盛期のモハメド・アリは後ろに走りながらワンツーで倒したこともあるが、その瞬間の写真を見ると通常のワンツーと見分けがつかず、映像で見なければバックステップしていると分からないほどだ。

Part.3

パンチの
新
スタンダード

Chapter
01 パッキャオ式飛び込みストレート

6階級制覇を達成したマニー・パッキャオの代表的なパンチ。
体全身で飛び込むようにパンチを放ち、通常は届かないような場所から
パンチを当てる。そのための飛び込み・踏み込みとは？

前手の位置まで飛び込む

通常のワンツーは、その場でワン（ジャブ）を打ち、左手を戻しながらツー（ストレート）を打つが、(1)・(2)パッキャオはワンを打つと、(3)前手を戻さずに(4)自分が伸ばした前手の位置まで飛び込むように移動し、(5)そこからツーを打つ。

飛び込みストレートが当たる距離

通常のワンツーは前足を少し踏み込み、基本的にその場で打つもの。そのため、ストレートが当たるのは、ジャブが当たる場所の少し先になる。しかしパッキャオ式飛び込みストレートはワンを打った場所まで踏み込むため、通常のワンツーの倍以上の距離でもストレートが当たる。

通常のストレート

飛び込みストレート

飛び込みを覚える練習方法

この飛び込み式ストレートを打つためには、一気に相手に対して踏み込むスピード、全身で飛び込む体の移動を覚えなければならない。そのための練習方法として、（1）両手を伸ばした状態でお互いの前手を持ち、（2）その手を引っ張りながら、（3）前足を大きく踏み込んで（4）後手でストレートを打つ。

また相手がいない場合は、写真のように（1）固定された棒を掴み、（2）その棒を引っ張りながら棒の位置まで自分が踏み込んで、（3）ストレートを打つ。

サウスポー×オーソドックスでの有効性

パッキャオはワンツーのワンで相手と自分の距離がどのくらいかを測り、それに合わせて飛び込む距離や位置を決めている。前ページで紹介したように、ワンを当てるというよりもワンで相手の前手を触り、その前手を自分に引っ張り込むようにして飛び込んでいる。またパッキャオはサウスポーなので、試合ではサウスポー×オーソドックスとなることが多く、オーソドックス×オーソドックスに比べると前手と前手が触れる機会が多い。それも飛び込みストレートを有効にする要因の一つと考えられる。飛び込みストレートには、身体的な踏み込むスピードとともに、こうした飛び込む感覚を覚えることが重要だ。

Chapter 02 ボラート(時間差で打つパンチ)

ボラートはメキシカンボクサーに見られるスイング系のパンチ。
通常のパンチよりも少し遅れたタイミングで飛んでくるため、
相手はディフェンスしづらい。

腕を脱力・体の回転で打つ

(1)構えた状態から(2)両腕を脱力させて、(3)相手に正面を向くように体を開いて(4)〜(6)その動きに腕がついてくるように、パンチを打つ。背骨を中心にうずまきが起こり、それが螺旋を描いて最終的に腕に到達し、その動きでパンチを打つようなイメージだ。対戦相手としては先に体が動いて、それよりワンテンポ遅れてパンチが飛んでくるのでタイミングを読みづらい。

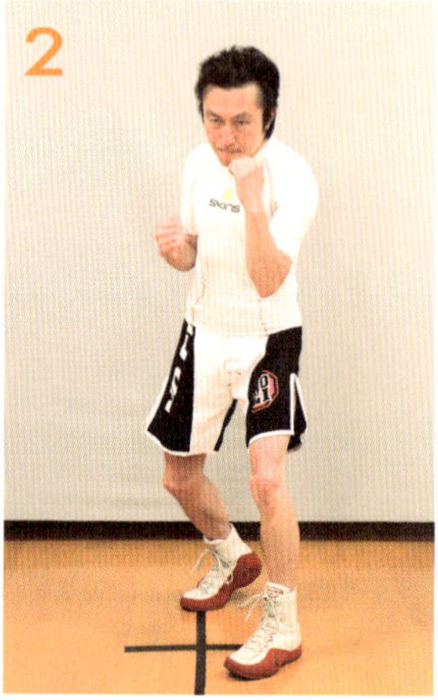

1

2

3

4

5

一見、メキシコ人ボクサーは大振りで力任せにパンチを打っているように見えるが、両腕の脱力・正しい体の使い方が出来ていなければボラートを打つことは出来ない。「パンチの打ち方が下手だから、タイミングがずれてパンチが当たる」と表現されることもあるが、決してそんなことはない。例えばパッキャオがリッキー・ハットンをKOした左フックはまさにボラートだ。

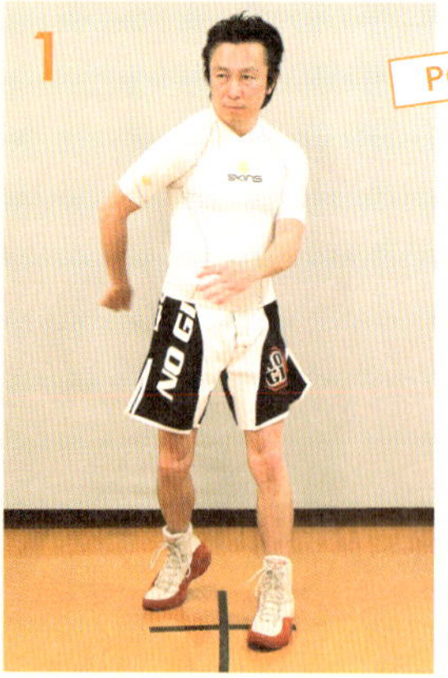

POINT

体の使い方＝でんでん太鼓

ボラートを打つ時の体の使い方は、でんでん太鼓。腕を脱力したまま体を左右に振って、腕をでんでん太鼓のように振る。腕が脱力していれば、体幹の動きにやや遅れて腕がついてくるはずだ。一見、体を一枚板のように動かしているようにも見えるが、右→左→右と体を振る方向を変える瞬間、逆サイドの体にブレーキが効いている。もしブレーキが効いていなければ、体と腕を上手く振り続けることが出来ない。

詳細は
DVDでチェック！

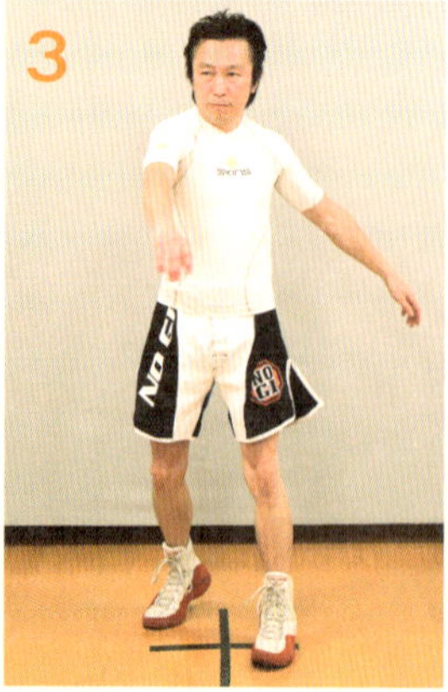

腕の内回しで威力を上げる

応用として右のボラートを打つ際、（1）体を振る前に（2）・（3）一瞬、右手を自分の内側に向けて回す。そこから（4）体を振り始める。（5）これで内旋→外旋の反射運動が働き（6）より強いボラートを打つことが出来る。

Chapter 03 膝を曲げないストレート

ボクシングでは一般的に前足の膝を曲げて、
腰を落とすようにパンチを打つとされている。
しかしあえて膝を曲げないことで強いパンチを打つことが出来る。

真っ直ぐ伸ばした前足で地面を蹴る

（1）構えた状態から（2）前足を踏み込み（3）膝を曲げずに、前足を真っ直ぐ伸ばしたまま、（4）右ストレートを打つ。一般的なストレートは（3）で膝をしっかりと曲げてストレートを打つ。2つのフォームを見比べれば、その違いが分かるだろう。

一般的なストレート

POINT なぜ膝を曲げなくてもいいのか？

日本では腰を落として膝を曲げて前後の体重移動で動作することが基本とされてきたが、近年では多くの競技で膝を曲げずに伸ばしたままで動作することが増えつつある。地面を蹴る力を考えれば、膝を曲げた状態よりも伸ばした状態の方が強い。レッグスクワットやレッグプレスでも膝を深く曲げた状態より関節角度が浅い時に力が発揮されているはずだ。

メジャーリーガーに多い投球フォーム

日本人に多い投球フォーム

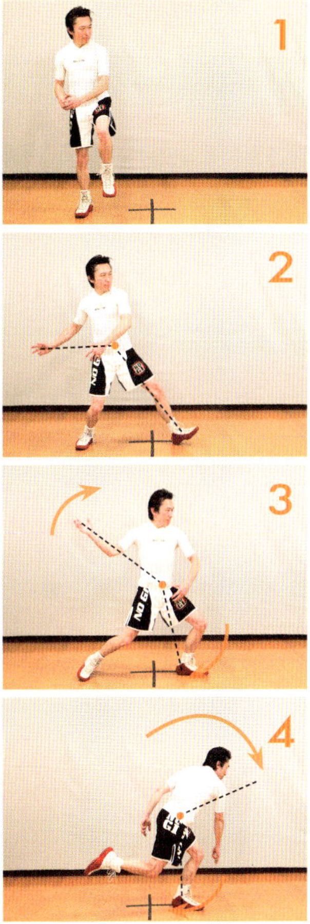

具体例として野球の投球フォームが挙げられる。日本の野球では膝を深く曲げて前足をつき、後ろから前への重心移動で投げるピッチャーがほとんど。しかしメジャーリーグでは前足を真っ直ぐに伸ばしたまま、地面に足を打ちつけるようにして投げるピッチャーが多い。日本人に多い投球フォームでは腰を中心に腰から下・腰から上が1つの円運動になっているが、メジャーリーガーに多い投球フォームは真っ直ぐに伸ばして固定した前足が大きな急ブレーキとなり、腰を中心に腰から下で1つの円、上半身で1つの円と、半径の違う2つの円運動が起こり、先端＝腕の振りがより加速することになる。

Chapter
04

縦拳で打つパンチ

ガードを固める相手に対しては、あえて拳を返さずに、
拳を縦にした方がガードの隙間をすり抜ける場合がある。

縦拳の特徴

拳を返して打つパンチは横に長くなり、縦拳で打つパンチは縦に長くなる。ここでは左ストレート、左フック、左アッパーの3種類で実演したが、縦拳と拳を返すパンチを見比べてみれば、その特徴・違いが分かるだろう。

縦拳

左ストレート

左フック

左アッパー

拳を返す

左ストレート

左フック

左アッパー

縦拳

左ストレート

左フック

左アッパー

拳を返す

左ストレート

左フック

左アッパー

縦拳はガードをすり抜ける

パンチを縦拳にすると、ちょうど相手のブロック＝両腕を立てている隙間を通ることになる。拳を返していると、拳が横に長くなるため、ブロックに邪魔をされるが、縦拳にすることで、ブロックに邪魔される率が減る。

縦拳	拳を返す

左ストレート

左ストレート

左フック

左フック

左アッパー

左アッパー

パンチが当たるポジション取り

ただし拳を縦にすればパンチが当たりやすくなるわけではない。自分が相手に対して細かく動き、ガードの隙間が見えるようなポジションを取って、それを見定めて縦拳でパンチを打つことが重要になる。例えば目の前の対戦相手を見た時、正面とやや左サイドにスライドしたポジションでは、ガードの間のスペースに違いがあることが分かるはずだ。相手を目の前にしたとき、自分がどんなポジションにいれば、パンチが当たるのかをイメージしよう。

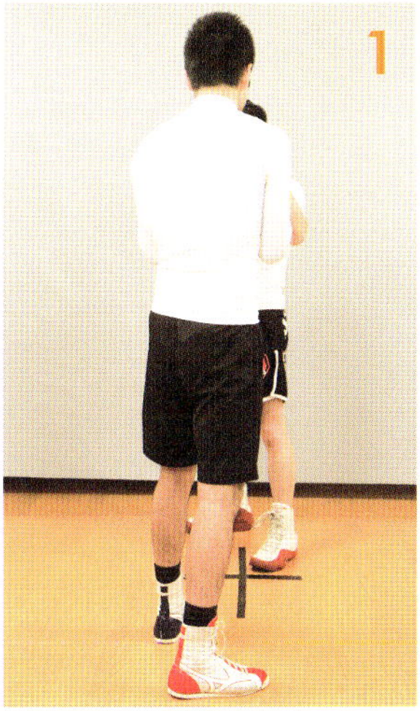

正面から見たガード

サイドから見たガード

Chapter
05 ジャブを追い越すストレート

ワンツーを当てるためのコツとして、ジャブからストレートを打つのではなく、
ジャブとストレートを限りなく同時に打つ＝ジャブを追い越す感覚でストレートを打つ。

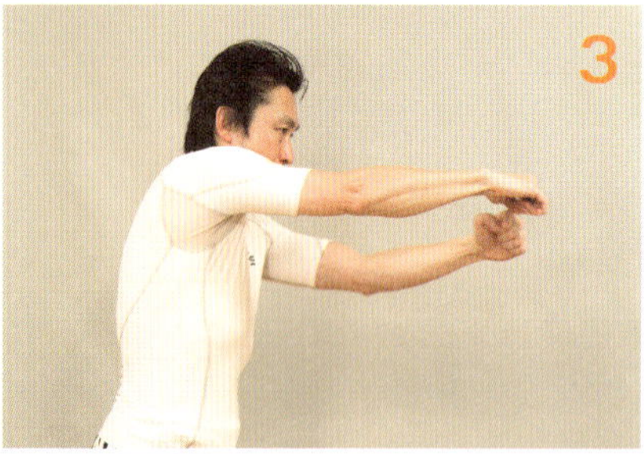

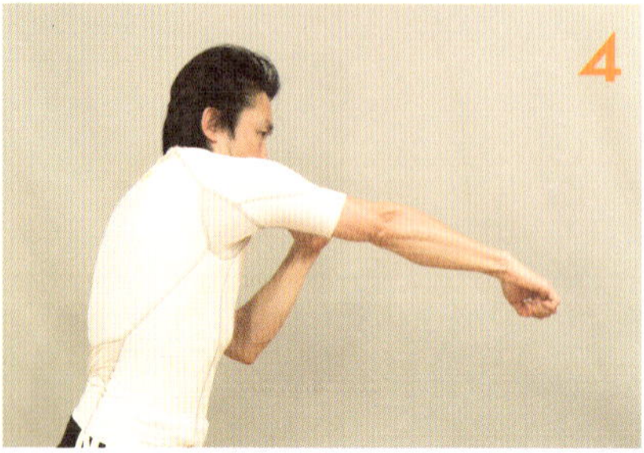

ジャブを戻さずストレートを打つ

通常、ワンツーはワン（ジャブ）を打ち、左手を戻しながらツー（ストレート）を打つが、ワンツーのワンとツーの間を可能な限り短くしてワンツーを打つ。（1）構えた状態から（2）ジャブを打ち、（3）左手が戻る前にストレートを打ち始める。（4）そしてジャブを追い越すようにしてストレートを打つ。「ワン・ツー」ではなく「ワツー」のリズムで打つ。ジャブが当たった時にはストレートも当たるようなイメージだ。

Another Angle

1

2

3

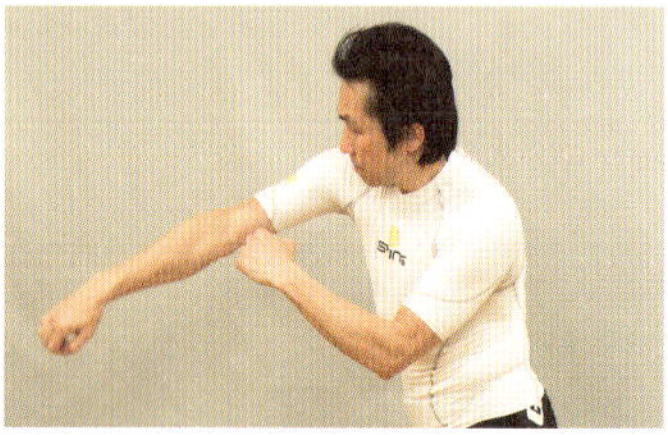
4

ジャブとストレートの距離の差

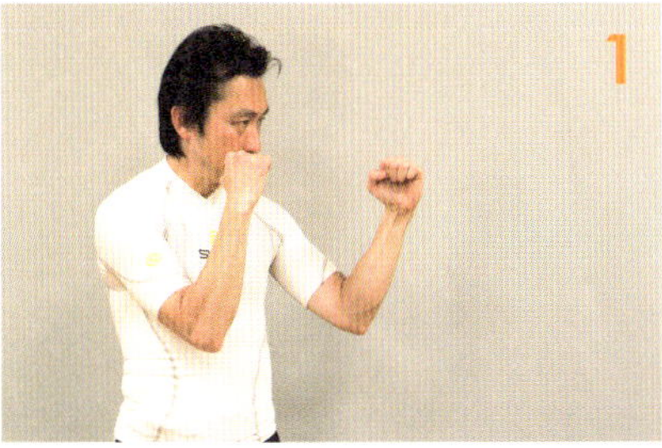

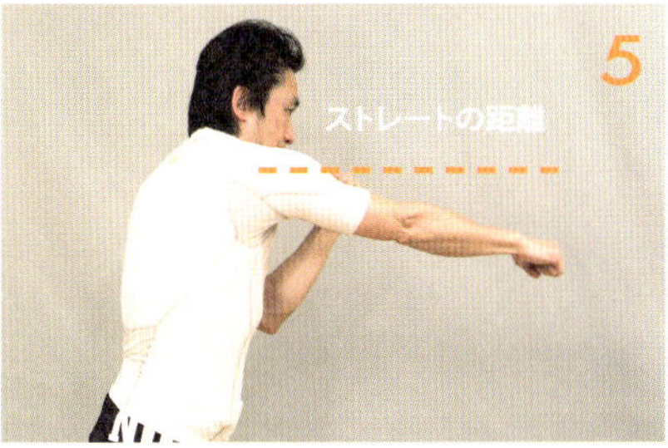

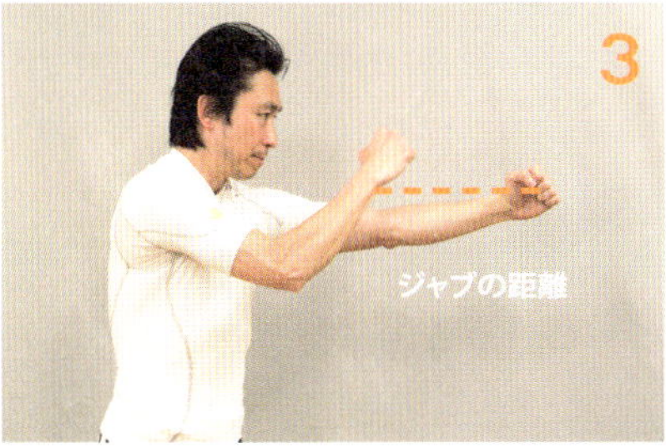

左手が前に出ているオーソドックスではジャブとストレートが当たるまでの距離に差があり、もし同時にジャブとストレートを打っても、先にジャブの方が当たることになる。そのためジャブが当たってから、いかにストレートを早く打つかが重要、そのための意識づけとして「ジャブを追い越す感覚でストレート」という表現をしていると理解してもらいたい。

ワンツーの名手は独特のタイミングを持っている

ワンツーが上手い選手について「吸い込まれるようにワンツーが当たる」という表現が使われるが、それはジャブで相手との距離など様々な情報を把握し、ここぞというタイミングでストレートを打っているからだ。つまり"ワンツーを当てるためにワンツーを打つ"ではなく"ワンでタイミングを測ってツーを当てる"。ワンツーの名手はそれぞれ独自に自分のタイミングを持っているもので、それを第3者に伝わりやすく説明するとジャブを追い越す感覚でストレートを打つ、ということになる。

Chapter
06 ポンサクレック式コーディネーション

同じ手でパンチを打ち分けるコーディネーション。
元WBC世界フライ級王者で、日本でもおなじみの
ポンサクレックが得意としているコーディネーションを紹介しよう。

右フック→ガードが上がる→右アッパー

(1)サウスポーのポンサクレックは相手がオーソドックスの場合、(2)左ストレートで飛び込み、(3)相手の外側に出て右フックを強振。(4)右フックを受けた相手が腕を高く上げて、脇を開くようなブロックをすれば、(5)その脇の間から(6)右アッパーを打つ。

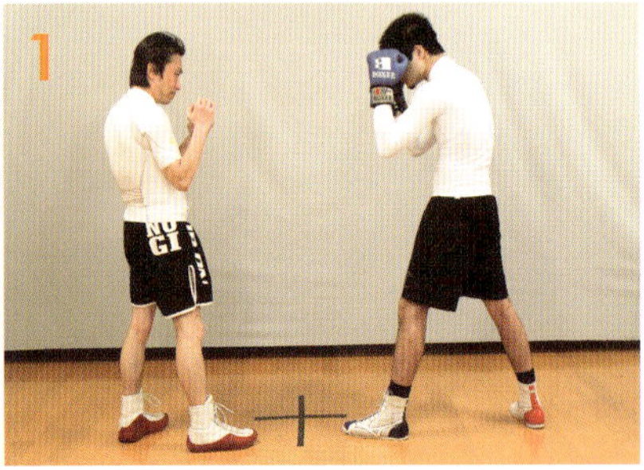

右フック→ガードを固める→右フック

(1)～(3)左ストレートで飛び込んで右フック、(4)体を丸めるようなガードを固めたら(5)ガードを固めて丸くなった相手のガードの間に(6)再び右フックを打ち抜く。ポンサクレックは右パンチに対するディフェンスを見て、次のパンチを打つ。右アッパーを警戒してガードを固めて丸くなれば右フック。右フックを警戒してガードを上げれば右アッパー、これを繰り返して相手を攻め込む。

Chapter
07 落下運動で強打を連続で打つ

強打を続けて打とうとすると、どうしても
途中でバランスを崩してしまって連打が続かない。
しかし合間に落下運動を挟むことで、強打の連打が可能になる。

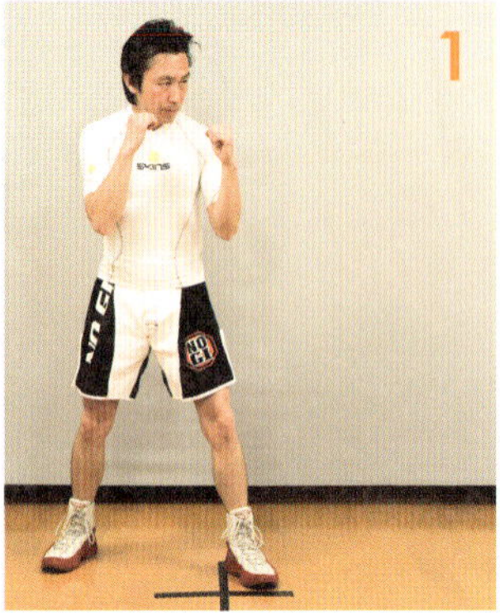

落下運動＝バランスのリカバー

強いパンチを連続して打つために必要な動きを覚えるための練習方法。(1)～(3)右ストレートを強く打った後、(4)その場でジャンプ。(5)着地して(6)・(7)左フックを打つ。パンチを打った後、一度、その場でジャンプすると、着地する時にバランスが戻り、再び強いパンチを打つことが出来る。着地＝落下運動がバランスをリカバーするのだ。

× 強打の連打はバランスを崩す

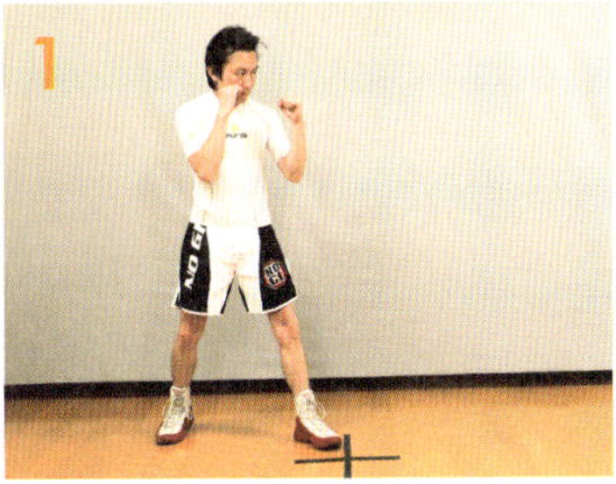

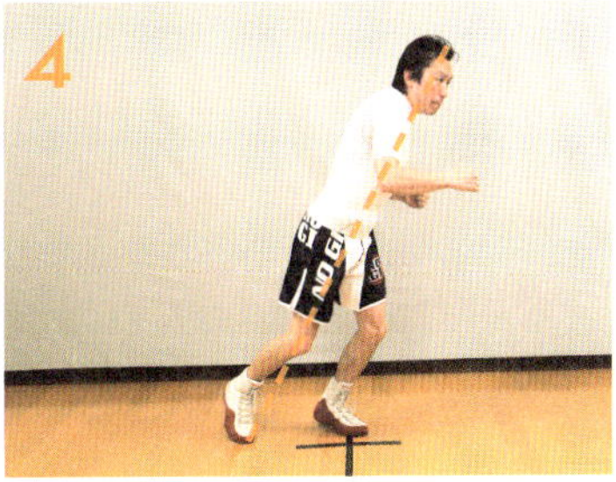

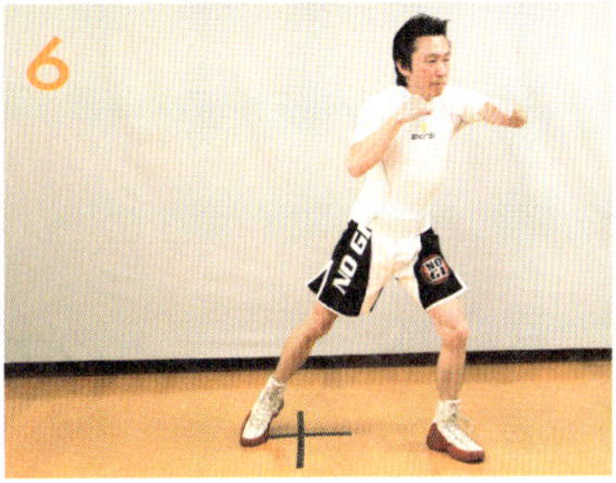

バランスのリカバーがないまま、強打を連続で打とうとすると、(1)〜(3)強い右ストレートを打って、(4)自分のバランスを崩し、(5)〜(7)仮に強引に左フックを打ったとしてもフォームが悪く、強いパンチにはならない。

落下運動で打つアッパーの連打

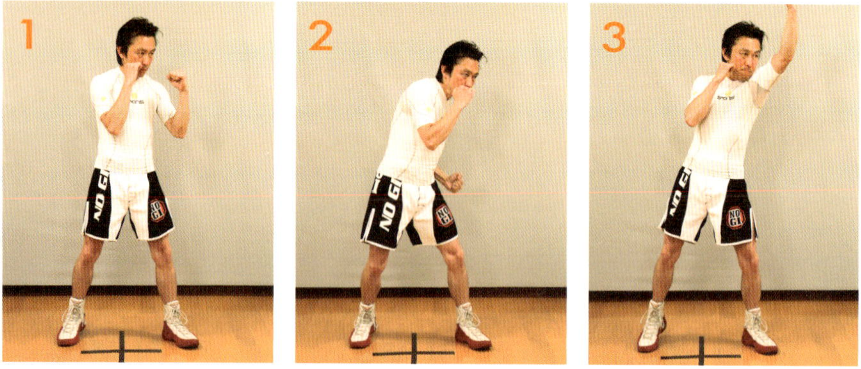

この落下運動が特に活かされるのが強いアッパーの連打。（1）～（3）左アッパーを打ち（4）体を落下させると、（5）すぐに次のアッパーを打つことが出来る。

腕だけでアッパーを連打すると…

腕だけでアッパーを連打しようとすると、一度、アッパーを打って構えを戻し、そこからまたアッパーを打つという動作になる。これではアッパーを打つ間に、相手に対処する時間を与えてしまう。

パンチと落下運動の連動

落下運動によるバランスのリカバーを意識してパンチを打つ→その場でジャンプ→落下して次のパンチを打つ→その場でジャンプ…という動作でコンビネーションを打ち、バランスのリカバーの感覚を覚える。それが出来るようになれば、ジャンプしなくてもパンチを打った後の落下運動を意識することで強いコンビネーションの連打が可能になる。

詳細は
DVDでチェック！

Chapter
08 L字ガード

史上初めて全勝で5階級制覇を達成した
フロイド・メイウェザー・ジュニアが使っているガード。
前手(左手)を下げて「L」の字に曲げることから、L字ガードと呼ばれている。

1

基本的な構え

(1)通常のガードから、(2)左手を下げてL字に曲げ、自分の左肩を左拳の代わりになる場所に位置させる。ここから左肩を前に出して、右手と左肩で自分の顔を挟むようにする。そして下げた左腕で、通常の構えではディフェンスできない自分のボディをガードする。通常の構えと並べてみても、同じ場所が隠れていることが分かるだろう。これが基本的なL字ガードの形だ。ここから(3)やや後ろに体を傾けて、左肩を上げるようにして、左テンプルを守る。相手よりも顔が遠ざかる位置にあるため、通常の構えよりも安全な場所に顔があることになる。

2

3

主な防御方法

ジャブ

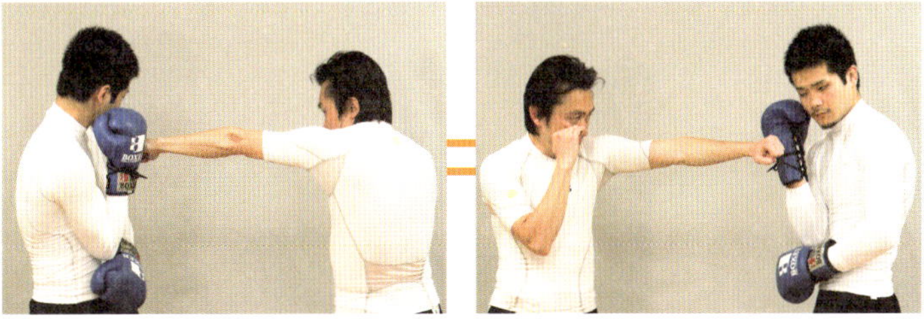

自分の体を左側に少し捻るようにして、右手でパーリングする。

右ストレート

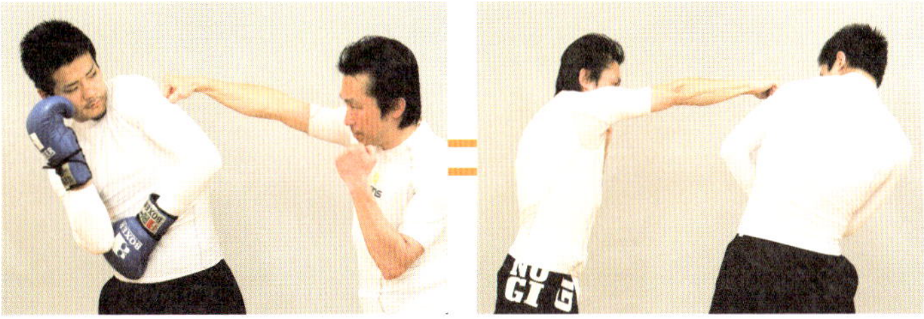

自分の体を後傾させて、自分の左肩でブロックする。

左フック

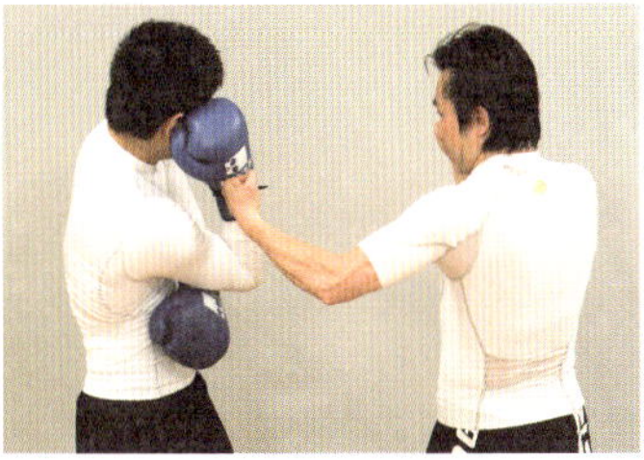

左ボディ

左フックは自分の体を左側に少し捻るようにして、右手でブロック。左ボディは腹筋を締めるようにして、左手でブロックする。

テンプルを狙われたら肘で防御

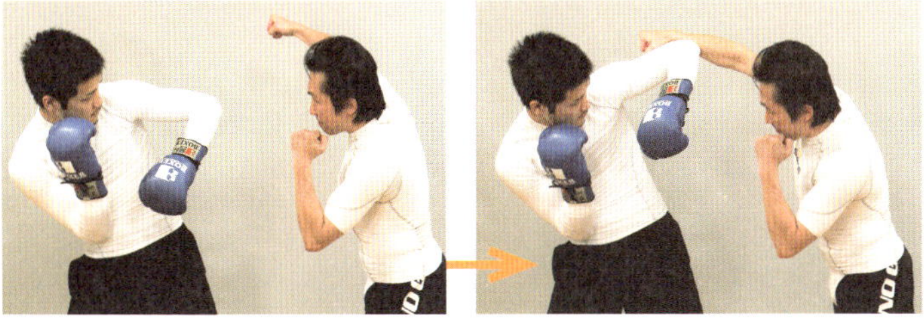

L字ガードは左のテンプルが空いている構え。しかし相手に右フックでテンプルを狙われても、左肘を上げて自分と相手の間に置くようにすれば、対戦相手との距離はさらに遠くなり、肘の位置を調整することで相手のパンチの軌道を塞ぐことが出来る。こうなると相手は左肘を超えるような右フックでテンプルを狙うしかないが、それは非常に成功率の低いパンチだ。

主な反撃方法

L字ガードは相手と近い距離でディフェンスするため、反撃へと転じやすい防御方法でもある。例えば（1）L字ガードで（2）相手の右ストレートを左肩でブロックして、（3）相手が右腕を戻す前に（4）右ストレート、（5）左フックにつなげる。メイウェザーのミット打ちで、トレーナーの方がグローブを叩きにいっているようなミット打ちがあるが、あれでメイウェザーはL字ガードからの反撃方法を確立している。

1

2

3

4

5

1

2

3

4

5
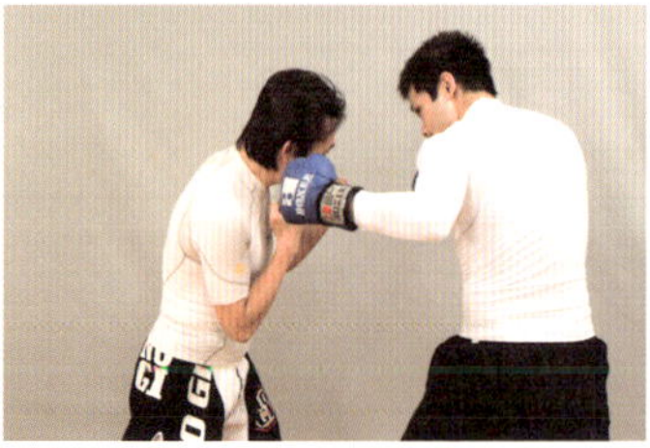

誤った構え

L字ガードの悪い例として、L字ガードのポイントを理解せず、ただ左腕をL字に曲げて動きだけを真似してしまうことが挙げられる。例えば左肩が通常のガードの左拳と同じ位置にない＝左ガードになっていないと、相手から見て、自分の顔の左側ががら空きになったまま。これでは相手の右の攻撃をもろに受けてしまうことになる。

増えつつあるL字ガードの使い手

L字ガードは誰もが簡単に出来るものではなく、センスも必要とされるテクニック。基本的な構えで説明した通り、ただ形だけを真似するだけでは危険。またあくまでL字ガードは防御態勢であり、そこから攻撃に転じる術を持っていなければ、試合で勝つことは出来ない。左肩の位置や使い方など、L字ガードにどういった特徴があるのか。それを理解し、そこからの反撃も含めて、しっかり自分で研究して噛み砕かなければ使いこなすのは難しい。しかし一見、左腕を下げてボディワークと反射神経だけでパンチをかわしているように見えるL字ガードだが、実は非常に堅固で理にかなった防御態勢であることも確か。事実、メイウェザー（上写真）の登場以降、第37代WBC世界ライト級王者エイドリアン・ブローナー（下写真）を始め、L字ガードを使いこなすボクサーは増えつつある。

Intermission

世界のボクシング#1

メキシコのボクサーは
フックを多用するが、
それは大振りのブン回しではない。

メキシカンスタイルの特長として、フック系のパンチが多い、一発一発が重い、そういったことを想像する人も多いと思います。

まずメキシカンはパンチの正確さ、角度の多彩さが世界の中でも極めて独特です。

パンチの打ち方で言えば、第３章で紹介したボラートのように、メキシカンはフック・アッパーの腕を曲げて打つパンチの組み合わせが非常に訓練されています。ボラートは一般的に認知されているものとは違う体の使い方で打つパンチですが、それは腕力に頼った力任せで打つものではなく、体を振って生まれる遠心力と拳の重さを使うパンチです。おそらくメキシコでは初期指導の時点であのような体の使い方を教えるのでしょう。メキシカンのパンチは、いわゆる大振りで振り回すようなパンチではありません。

またメキシカンは身体的には日本人に似ている部分があり、決して体の関節が柔らかくはない。体が柔らかい他の中南米の選手よりも日本人に近く、ディフェンスもブロッキングが多いです。そのためディフェンス面では言えば、強固なブロッキングが特徴です。

日本では初心者に左ジャブ・右ストレートのワンツーから教えますが、メキシコでは左ジャブの次は左ボディを教えると言います。メキシコにはメキシコで独自の指導方法があり、メキシカンはチャンピオンから４回戦の選手までが、共通してメキシカン独特の動きをしていることからも、確立した独自の練習方法があることが見て取れます。

ミット打ちについても、メキシコでは丸いドラ型ミットで、一発一発力を込めて打つ練習を日常的にやっています。過去に「日本人はドラ型ミットをやらないからパンチが強くならないんだ」と言っていたメキシコ人がいましたが、練習方法そのものが日本とは違うと言えます。

このように私たちにとってメキシコのボクシングは独特かもしれませんが、彼らにとってはそれが当たり前。逆に日本人の方が独特なスタイルに映っているでしょう。事実、日本人の右ストレートは世界的に見ても独特・特殊で、かつては〝日本のボクサー＝脇の締まった構えから右ストレートをスムーズに打つ〟とも思われていました。10年ほど前まで日本以外では脇を開けて打つオーバーハンド気味の右ストレートが主流とされていた時期もあるからです。

メキシコが今の日本よりフィジカルトレーニングや運動生理学の知識が進んでいるとは思えません。しかしメキシコ人は非常に理に適った体の使い方で独自のボクシングスタイルと練習方法を確立しています。それはメキシコに脈々と伝わる先人の知恵であり、長年の知識の蓄積、受け継がれている歴史だと思います。

ドラ型ミット（打っているのはベネズエラ人のホルヘ・リナレス）

フックをテンプルに叩き込むフリオ・セサール・チャベスjr。メキシコの誇りとでもいうべき偉大なボクサー、フリオ・セサール・チャベス（sr）を父にもつ

Part.4

ディフェンスに応じたパンチ

→→→→

Chapter 01 パンチを当てるための思考と戦略

**現代ボクシングはディフェンス技術が急速に発展し、
どの選手も単純なパンチをもらわないようになっている。
ではどうすれば相手のディフェンスを崩すことが出来るのか。
ここではそのための思考・考え方を紹介したい。**

一口にディフェンスと言っても対戦相手のタイプによって、ディフェンス方法はそれぞれ違う。そこで幾つかリードブローを出して、相手がそのリードブローに対して、どんなディフェンスをするのか情報を集める。

試合中にこの作業を繰り返し、相手のディフェンスの癖を把握し、そのディフェンスの穴を見つける。そして相手のディフェンスが予測できるパンチをあえて打ち、相手のディフェンスを読んだ上で、その穴をついたパンチを当てるのだ。

選手はとっさにパンチを打たれたり、余裕がない状況に追い込まれると、自分が最も使うディフェンス動作をしてしまう傾向がある。より高度な技術戦になれば、リードブローの種類を変えるだけでなく、どういった状況・シチュエーションで、どんなディフェンスをするのかまで情報を集め、他の攻撃で相手を余裕がない状況にまで追い込む。そして「相手はこのディフェンスしかない」と確信を持ったパンチをおとりにして、自分が狙っているパンチを当てることもある。

また相手の癖を見抜くという部分で、戦っている選手本人が見抜くのがベストだが、試合を見ているセコンドが選手が気づいていない相手の癖を見抜けば、インターバル中に指示する。また事前のデータから相手の得意なディフェンス方法を抽出し、それに合わせたコンビネーションや戦術を練って試合に挑む。

このように相手のディフェンスを崩すためには、様々な要因が折り重ねっているものだ。P67からあくまで例として、幾つかのコンビネーションを紹介しているが、このコンビネーションが出来るからパンチが当たる、というものではない。ここで紹介しているコンビネーションはあくまで一例にすぎないということを理解していただきたい。

相手のタイプ、ディフェンスの種類、癖、戦術、試合展開…その時々で変化する状況に合わせて、ディフェンスの崩し方は変わる。ディフェンスを崩すパンチ・コンビネーションは無限に存在するのだ。

ジャブを強くパーリングする相手への左フック

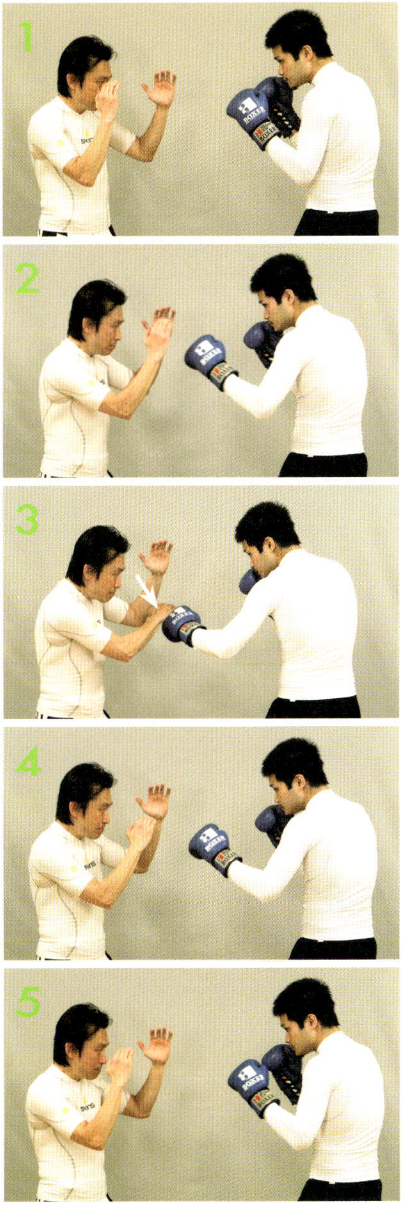

（1）・（2）リードブローとしてジャブ（左ストレート）を打った時、（3）相手が右手を下げるように強くパーリングしてきた場合、（4）・（5）このディフェンスを頭にインプットする。

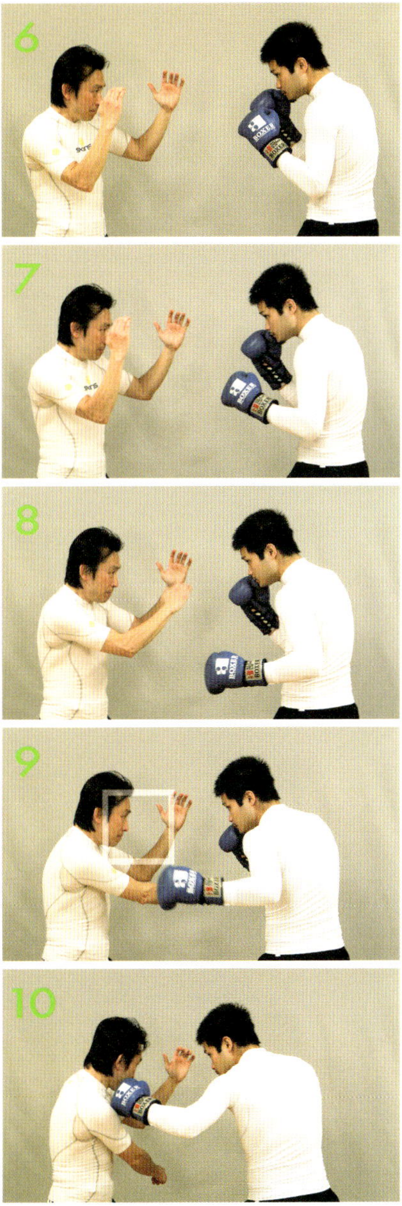

そしてジャブを数発繰り返してから、（6）・（7）ジャブのフェイントを入れる。（8）ジャブが来ると思った相手はパーリングしようと右手を下げる。これで相手は右のガードが下がった状態になるので、（9）・（10）そこに左フックを当てる。

右フックをクロスディフェンスする相手への左フック

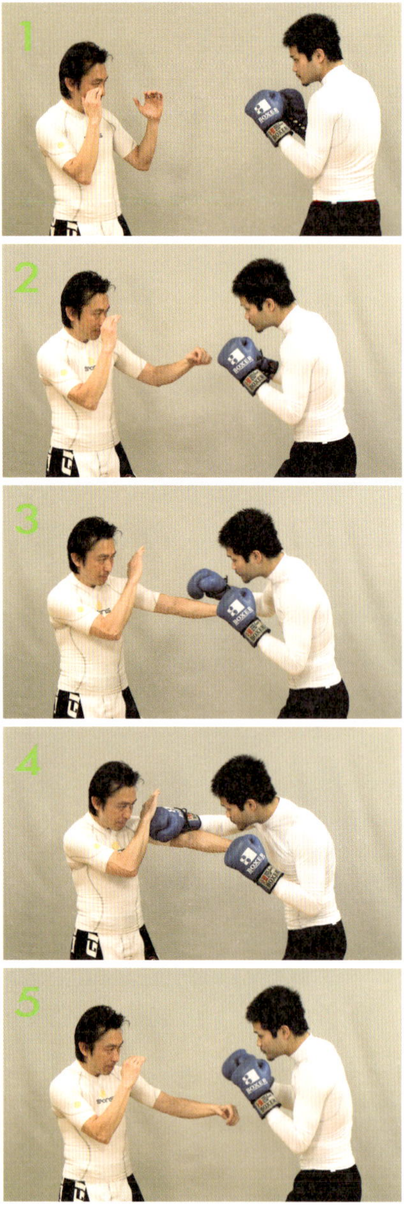

(1)・(2)相手のジャブに(3)右フックをかぶせた時、(4)相手が右手を顔の横に添えるようにディフェンス＝クロスディフェンスをする場合、(5)この動きをインプットする。

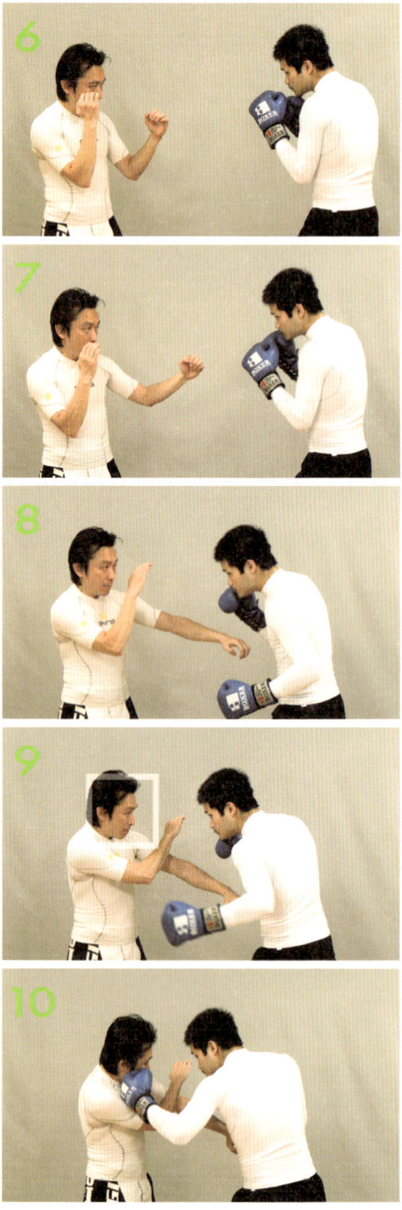

そして何度かジャブに右フックをかぶせてから、(6)・(7)相手のジャブに(8)右フックをかぶせるフェイントを入れる。右フックをかぶせられると思った相手は、クロスディフェンスするため、(9)相手の顔の右側ががら空きになる。(10)そこに左フックを当てる。

右フックにつなげるための左フック・左ボディの崩し

これは最終的に右フックを当てるための、左のパンチの使い方。(1)構えている相手に対して(2)～(4)左フックを打つ。これで相手の右ガードを上げさせる。

さらに(5)～(7)左ボディを打って、相手が左のパンチへの防御に集中し、逆手のガードが甘くなったところに(8)右フックを当てる。この時のポイントは左フックを強く叩き、左ボディと右フックの間をなくすこと。「ダン!ダダン!」のリズムで打つとよい。

左のガードが低い相手への左ボディから右フック

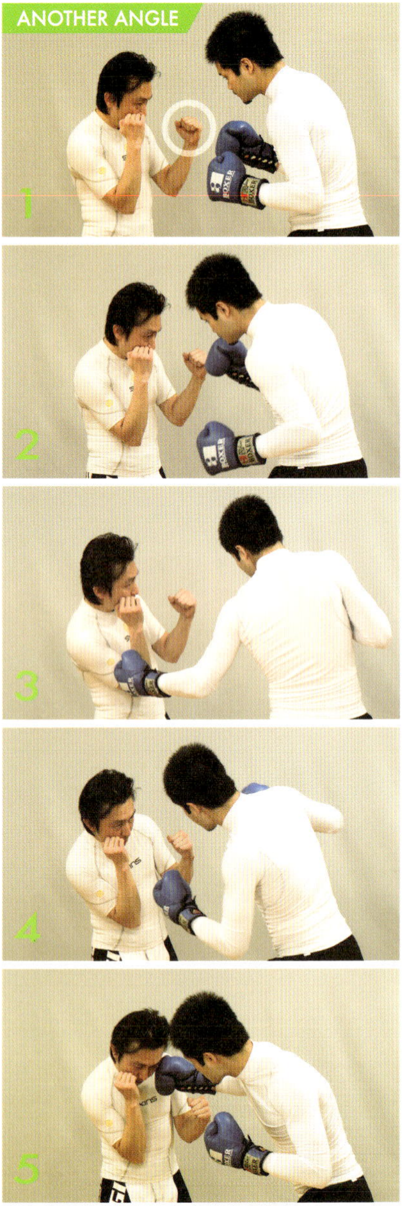

(1)これは左ガードが甘い相手に、右フックを当てるためのコンビネーション。左のガードが低いからと言って、いきなり右フックを打っても、相手も警戒して左のガードを上げる。そこで(2)・(3)左ボディを叩く。これを数発叩いておいて(4)相手が左ボディへの防御に気をとられている隙に、(5)右フックを当てる。

Chapter
02 亀ガードへの対処法

相手が両腕を閉じて防御に徹している＝いわゆる亀ガードでディフェンスしている場合の対処法を紹介する。

腕でガードを引きはがす

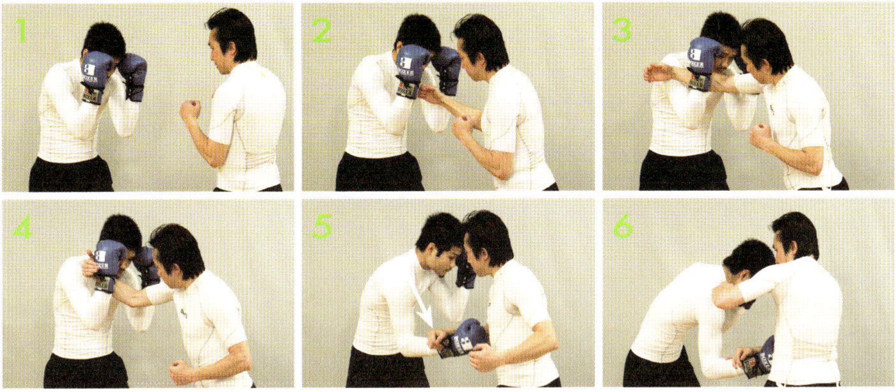

(1)相手が亀ガードをしている時、(2)ガードの間から右ストレートを伸ばし(3)そのまま右腕を深く入れる。(4)そして右腕を相手の右腕にひっかけて、(5)そのまま右腕を下まで引き下げる。(6)これで内側から相手のガードを引きはがして、左フックを当てる。

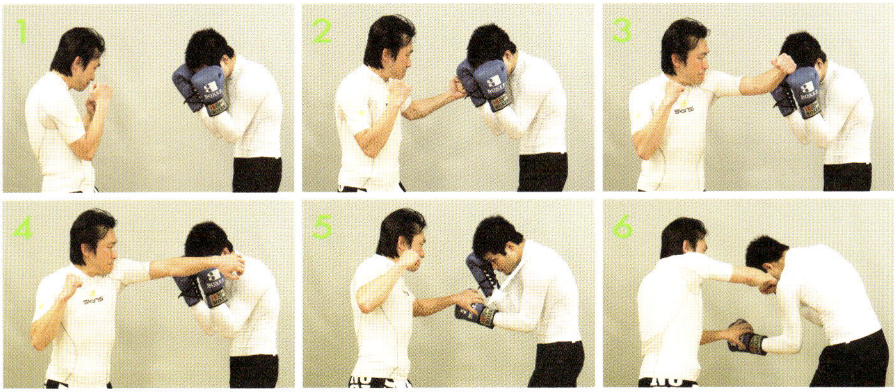

これは相手の外側からガードを引きはがすパターン。(1)相手が亀ガードをしている時、(2)・(3)わざと相手のガードの外側をかするように左フックを打つ。(4)・(5)そして左手を相手の左手に外からひっかけて、そのまま下まで引き下げる。(6)こうして外側から相手のガードを引きはがして、右のパンチを当てる。亀ガードでブロックを固める相手に対しては、このように内側・外側から腕を下げさせる＝ガードを引きはがすようにしてパンチを当てるとよい。(ボクシングにおいて自分の腕で相手の腕をひっかける行為は反則ではない)

Intermission

世界のボクシング#2

タイには抜群の距離感があり、キューバにはスピードと手数がある。

シドニー＆アテネオリンピックで金メダルを獲得、その後、キューバからアメリカに亡命し、プロ転向。いまだプロ無敗のギレルモ・リゴンドー（左）

タイの強豪ボクサーはほとんどがムエタイからの転向です。その競技特性により、ムエタイでは拳を強く握り込むようにして単発でガツンと打つパンチが見受けられますが、彼らがボクシングの試合をすると、そうしたムエタイ特有のパンチではなく、純粋なボクシングとして非常に洗練されたパンチを打っています。

彼らはムエタイだけでも何百戦という経験をしていて、ルール以前の"闘い"という部分での経験値が桁外れです。ましてやムエタイでスーパースターと呼ばれるような選手は、その時点で格闘技のセンスがずば抜けています。それだけのセンスと経験を持っている選手であれば、仮にボクシングの経験がなくても、すぐに自分がボクシングのルールでどう戦えばいいかを頭でイメージし、それを実践することが可能になる。今まで私が接してきたタイ人ボクサーにはそういった特徴がありました。

また私個人は、ムエタイ＝距離の競技だと思っています。ムエタイで培われた抜群の距離感は競技が変わっても同じ。例えばムエタイにおけるヒジ打ちと同じ感覚でヒジではなく拳を当てる、蹴りがない中でパンチを当てるといったことは簡単にできてしまうと思います。

ボクシングとムエタイの比較で言うと、例えばポンサクレック（・ウォンジョンカム）はムエタイではそこまで強豪ではなく、逆に亀田興毅選手と戦ったパノムルンレック（・カイヤンハーダオジム）はムエタイでは同階級では賭けが成立しないほどの強豪だったそうです。そして井岡一翔選手と戦ったオーレイドン（・シスサマーチャイ）はボクシングでもムエタイでもどちらでも強豪だった、と。このようにボクシングとムエタイにおける選手個人の資質の違いもあるようです。

このようなことから、タイではトレーナーが選手の動きを見て、ボクシングとムエタイ、より結果を出せる方にシフトチェンジさせることがあります。そういった意味でタイはボクシングとムエタイに垣根がない。同じ興行内でボクシングとムエタイの試合を組むように、タイ人にとってはボクシングもムエタイも同じもの、少しルールが違うという認識なのかもしれません。ムエタイの強豪選手がアマチュアボクシングの試合に出ることもあります。

一方、キューバは社会主義国で、ロシアの技術を大幅に導入してアマチュアボクシング大国になった国です。五輪で金メダルを取ることが最大の目標とされ、国としてカリキュラムを組んで、それに取り組んでいる。フィジカルトレーニングに割く時間が長く、各分野の専門トレーナー・ドクターが指導していることが大きな特徴です。

技術的にも独自の練習方法があり、キューバでは左のパンチを６種類（＝ストレート・フック・アッパーを上下）マスターしなければ、右のパンチを練習させてもらえません。ボクシングのスタイルとしてはスピードがあって手数が多い、これに尽きます。アメリカの黒人選手のように一目で運動センスを感じさせるような選手は少なく、むしろ泥臭く戦っている選手もいます。ただしとにかくスピードがあって手数が多い。そして常に動き続ける。徹底してシンプルに強いボクシングを追及する、それがキューバのボクシングです。

Part.5

トレーニング方法

Chapter
01 ミット打ち

ボクシングの主な練習方法であるミット打ち。
ここではミットの打ち方についてではなく、
ミットの持ち方・受け方に焦点を絞ってレクチャーする。

基本的な持ち方

誤った持ち方

ミット打ちは対人に近い状態でパンチを打つことが最も重要なポイントだ。ミットを持つ方は可能な限り、自分がパンチを打つ時と同じ姿勢に構えて、ミットを自分の顔面に近い場所に構える。第三者が見た時にミットを打つ方と持つ方が構えて向かい合っているようになっていなければならない。顔に近い場所でパンチを受けるのが嫌だからといって、顔から遠いところや自分が持ちやすいようところにミットを持って、ボクシングとは全く違う構えでミットを持っても、相手にとって意味のある練習にはならない。

ミットを受ける理想的な距離

左フック

正しい構え方で説明した通り、ミットは可能な限り、顔面に近い場所で受けることが望ましい。例えば左フックを受ける場合、構えている位置に左フックを打ったとしても、約20㎝ほどの差があり、ここに左フックを当てる練習ばかりしていると実戦では距離が合わず、仮に当たったとしても威力は弱い。そこで野木トレーナーは左手を顔の横に添えるようにして左フックを受ける。ミットを受けるときに手を伸ばせば伸ばすほど、実戦とは距離が変わる。

実戦の距離で受ける

=

○

構えた位置で受ける

=

×

正しいワンツーの距離

ワンツーの場合も、ワン（ジャブ）が当たったあと、相手が下がることも多いので、ツー（ストレート）は単純なパンチの距離以上に遠い位置に打った方が実戦に近い。そこで両手でワンツーを受ける場合は、ミットを重ねるように構える。そしてジャブで距離を測らせてジャブがしっかり当たるようになれば、そこから拳一つ分、遠くにストレートを打たせるようなイメージでミットを持つ。

誤ったワンツーの距離

×

試合で打ったパンチに自分から向かってくる選手がいないのと同じで、ミットを持っている方がパンチを迎えにいってはいけない。正しい距離を比べても分かるように、パンチを迎えに行くと、実戦とは距離がかなりずれてしまう。またパンチを迎えにいく弊害として、ミットを打っている方が拳を痛めてしまうことがある。

応用的な受け方（ワンハンド）

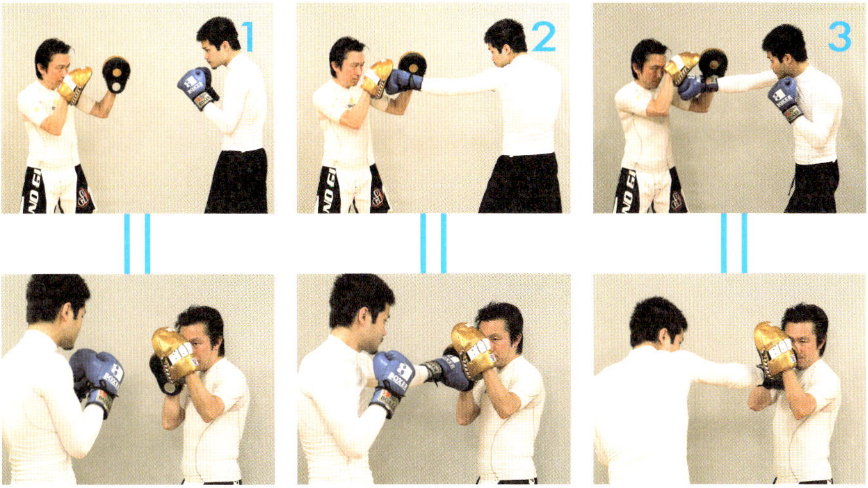

ミットを持つ熟練度が上がってくれば、写真のように左手をガードと同じ位置に構え、右手でワンツーをどちらも受ける。左手をガードの代わりにすることで、相手のガードを打ち抜く・真っ直ぐにワンツーを打つ感覚を覚えることが出来る。

踏み込むワンツー

踏み込むようなワンツーを練習させる場合には、通常のワンツーよりも距離を取り、左手を伸ばしてミットを構える。そして左手でワンを受けて、右手でツーを受ける。より踏み込みや飛び込みを意識させたい場合は、両手の距離を徐々に広げていく。

重心移動で距離を変える

前重心

後重心

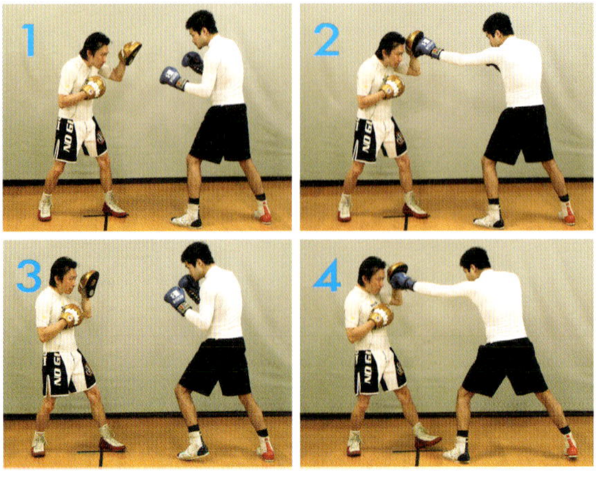

受け手が前重心から後重心になると、正面から見てもあまり違いはないが、実際はパンチが当たる距離が変わっている。そのため前重心の時、構えた位置から打っていたパンチが、後ろ重心になると踏み込まなければ当たらなくなる。そこでジャブを前足重心で受けつつ、突然、後足に重心を変えて、それを打たせるようにする。これは距離感の違いを瞬時に把握・調整するための練習で、受け手の重心の変化＝少しの違いを目測で即座に判断し、その距離に合ったジャブを打たなければいけない。

手首の動きで角度を変化させる

左ストレート

手首を立てる＝真っ直ぐに打つ

手首を内に捻る＝フック気味に打つ

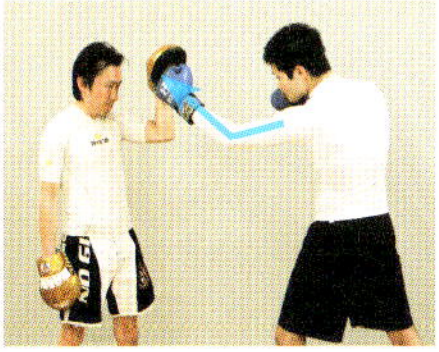

手首を上向き＝打ち下ろしで打つ

相手に対して真っ直ぐミットを向けると、選手は構えからそのままパンチを打てば当たる。ここで受け手が手首の動きで角度をつけて、細かくパンチを打ち分けさせる。左ストレートの場合、手首を立てると真っ直ぐに打つ左ストレート、手首を内側に捻るとフック気味の左ストレート、手首を上向きにすると打ち下ろす左ストレートになる。

左フック

手首を立てる＝通常の打ち方

手首を外に捻る＝アッパー気味に打つ

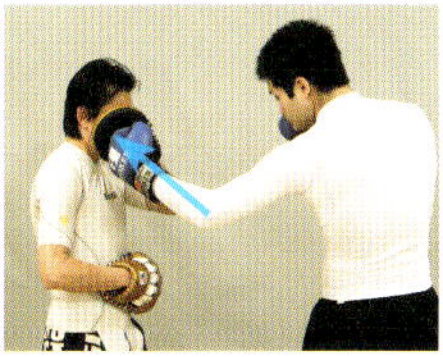

手首を内に捻る＝踏み込んで打つ

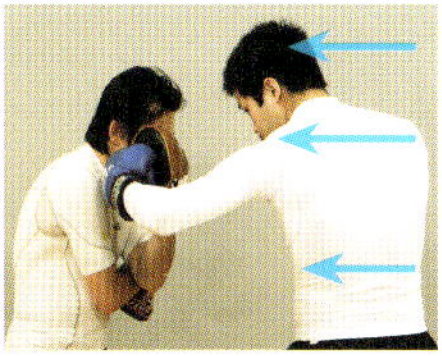

これは左フックを打ち分けさせるパターン。手首を立てると通常の左フック、手首を外側に捻るとアッパー気味の左フック、手首を内側に捻ると踏み込む左フックになる。こういったミットの位置の微調整は対戦相手の対策にもなり、また細かい技術のアップにつながる。

持ち手の反撃

持ち手の反撃は実戦の相手になったつもりで動き、当てるつもりでパンチを返すことが望ましい。どれだけ良いパンチを打っても、打った後に顔面ががら空きになっていれば、実戦では使えない。隙があれば、危険にならない強度でパンチを返して、パンチの技術を向上させる。ダッキングの場合も、受け手はパンチを当てるつもりで反撃する。

フックを返す

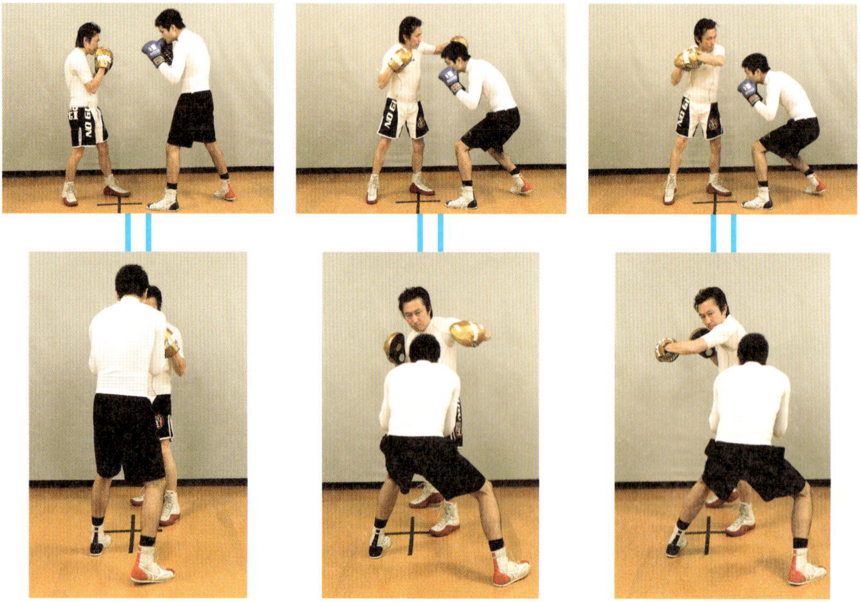

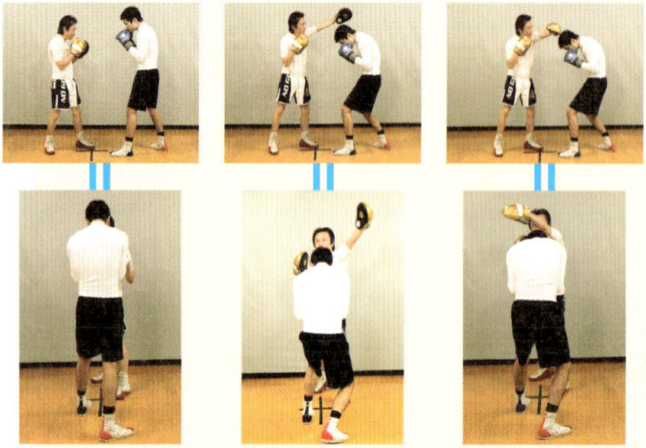

✕

誤った持ち手の反撃

このように相手がダッキングしやすい距離にパンチを出す、ダッキングしなくても当たらないような場所にパンチを返しては意味がない。もししっかりとダッキングが出来なければ当たってしまうようなパンチを打ち、ダッキング後のパンチだけでなく、ダッキングそのものもしっかりと意識させる。

ジャブに右クロスをかぶせる

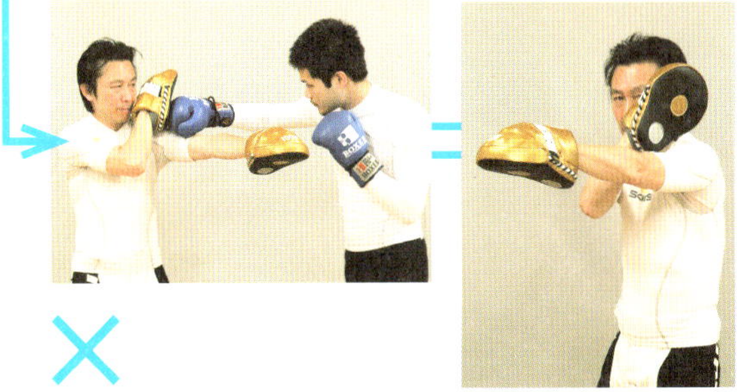

ジャブに右クロスを合わせるミット打ちは、真っ直ぐ相手に向かってジャブを打ち、自分の左頬を隠すように右のミットを添え手する。これを右クロスを打ちやすいように、斜めにジャブを打ってミットを構えては意味がない。写真を見比べると、正しい持ち方は内側に頭を傾けて右クロスをかぶせているのに対し、誤ったフォームではただ右ストレートを打っているだけになっているのが分かるだろう。

右ストレートをヘッドスリップして左フック

これもしっかりと当てるつもりで右ストレートを真っ直ぐ打ち、自分の右頬を隠すように左のミットを添え手する。左フックを返しやすいように、右ストレートを斜めに打ってミットを構えても意味がない。写真を見比べると、正しい持ち方はヘッドスリップして左フックを打っているのに対し、誤ったフォームはただ左フックを打っているだけになっているのが分かるだろう。

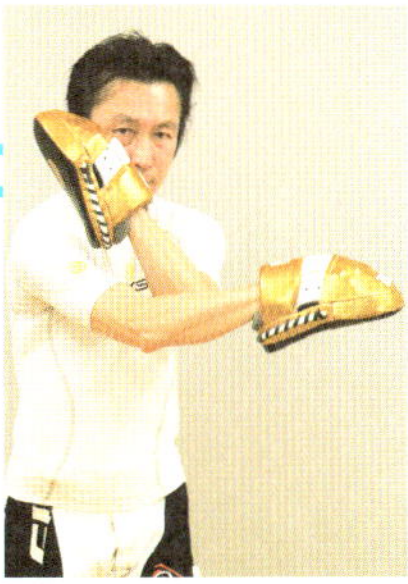

DVD VIDEO

これらの基本を複合した、
実際のミット練習の動きはＤＶＤ映像でチェック！

Chapter
02 サンドバッグ

サンドバックの効果的な打ち方はサンドバッグのサイズ・形状に適した目的で打つこと。大・中・小の3種類のサンドバッグにおける、目的と打ち方をレクチャーする。

大サンドバッグ

縦揺れを起こしてパンチ力を養う

大サンドバッグは、純粋にパンチ力を養うために使う。ガードやフォームを意識しながら、一発一発をフルパワーで強く打ち込む。力が十分に発揮される場所でパンチが当たる＝キレのあるパンチを打っていれば、サンドバッグが横に揺れることはない。その代わりにサンドバッグが一瞬「く」の字に曲がり、それが戻ろうとするため縦揺れを起こす。大サンドバッグでパンチ力を養う練習ではサンドバッグの縦揺れを目指す。

横揺れは力が伝わらないパンチ

P82の説明の通り、力が十分に発揮される場所でパンチが当たっていれば、サンドバッグは縦揺れを起こす。逆に力が十分に発揮されない場所で当たっているパンチは、サンドバッグを押すことになり、大きく横に揺れてしまう。キレが悪いパンチを“押すパンチ”と表現する理由がこれだ。

×

中サンドバッグ

フォロースルーを意識して芯に当てる

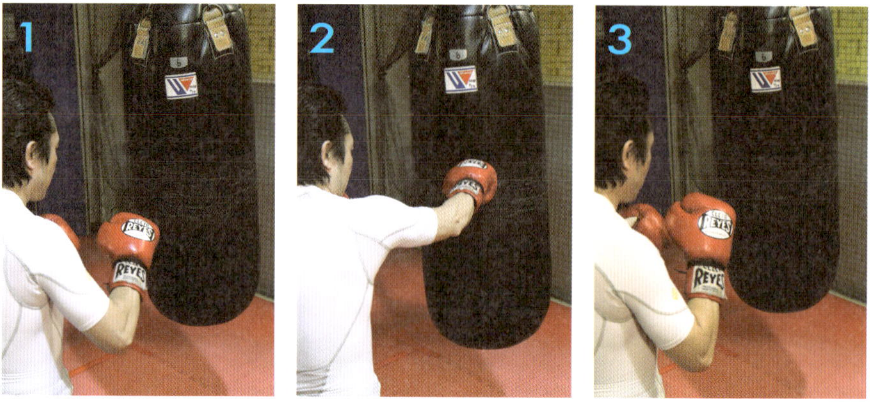

中サンドバッグは大サンドバッグよりも動きが大きい。サンドバッグの芯に対してパンチが真っ直ぐ当たり、フォロースルーが利いていれば、サンドバッグはパンチが当たった方向に真っ直ぐ移動するはずだ。このように中サンドバッグではフォロースルーと芯にパンチを当てることを意識するとよい。サンドバッグを打つ時に「奥を狙って打て」とアドバイスすることがあるが、これは芯に対して正しいパンチを打つ感覚を言葉で説明したものである。

横回転は間違った角度のパンチ ×

この時に注意するのは、サンドバッグが横回転しないようにも注意する。パンチが当たった後、サンドバッグが横回転していれば、それはサンドバッグの芯に真っ直ぐパンチが当たっていないからで、パンチが間違った角度で当たり、フォロースルーが利いていないことを意味している。このように中サンドバッグでは芯に正しいパンチを打つこと、つまりサンドバッグが横回転しないようにパンチを強く打つことが目的だ。

サンドバッグに合わせて動いて打つ

また中サンドバッグは大サンドバッグよりも軽いため、パンチを打つと大きく動く。この特性を生かし、強打を打ってサンドバッグを動かしながら、それに合わせてステップイン・アウトしてサンドバッグを打つ。こうすれば距離を意識した練習方法にもなる。（1）・（2）ジャブを打ち、下がったサンドバッグを（3）追いかけて右ストレート。（4）～（6）戻ってくるサンドバッグに合わせてバックステップして右ストレートを打ち、（7）～（9）回り込んでアッパー気味の左フック。（1 0）～（1 2）戻ってくるサンドバッグにもう一度、アッパー気味の左フックを打つ

小サンドバッグ

支点の真下に立って外に打つ

小サンドバッグの特徴は大きく動くこと。この特徴を活かす練習をするには、サンドバッグを動かし続けなければいけない。そのために自分がサンドバッグを吊るしている支点の真下＝中心に立って、外に向かってサンドバッグを打つこと。これでサンドバッグをリズムよく動かし続けることが出来る。

アッパーやダッキングを交える

また小サンドバッグはサンドバッグの下を移動することが出来る。そのため下に潜り込んでアッパーを打つことが可能。戻ってくる動きに合わせてダッキングすることも出来る。

より実戦に近い動きで打つ

動きの大きい小サンドバッグは距離感、フットワーク、ディフェンス、カウンターの練習するのに適している。サンドバッグが前後左右に動くようにパンチを打ち、向かってくるサンドバッグをディフェンスし、適切なパンチやカウンターを当てる。(1)～(3)外に向けて右ストレート・左フックを打ち、(4)～(7)戻ってくるサンドバッグをダッキングして左アッパー。(8)～(10)再び戻ってくるサンドバッグをダッキングして(11)・(12)ワンツーを打つ。

サンドバッグを打つ動きの詳細は
DVD映像でチェック！

Chapter 03 ダブルボール

ダブルエンドのパンチングボールはリズム・タイミング・予測能力を養うことが出来る。サンドバックより難易度は高いが、実戦に近い練習方法なので、上級者・初心者に関わらず、練習に取り入れると効果的だ。

リズミカルに打つ

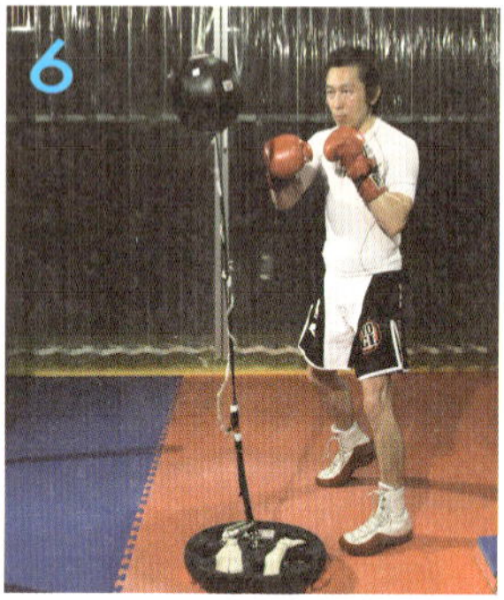

ダブルボールはサンドバックよりも動きが複雑でスピードも速い。まずはしっかりとパンチを当てて、リズミカルに連続で打つことを心がける。ダブルボールは目でボールの動きを追ってパンチを当てようとしても当たらないので、自分のパンチが当たって、どんな方向にパンチが動くかを予測して打つ必要がある。イメージとしてはバスケットボールをドリブルするように打つ。

強打を打つ

リズミカルに的確にパンチを当てることが出来るようになったら、そこに強打を織り交ぜる。軽くパンチを当てて、ダブルボールを動かして、強打を打ち込もう。

打った後は必ずディフェンス

ダブルボールを強く打つと、自分の方向に速いスピードで戻ってくるため、パンチを打ったあとに何もしないでいるとボールが顔面に直撃してしまう。そのため打った後は必ずディフェンスしなければならない。

腕を脱力して肩のキレとスナップで打つ

ダブルボールはボールのスピードが速いため、腕を脱力させて肩のキレとスナップを使ったパンチを打たないとボールの動きについていけない。

力んだパンチは当たらない ×

ダブルボールの動きを拳で追いかけようとすると、逆に腕が力んでしまい、ボールのスピードについていくことが出来ず、上手くヒットしない。

強弱・コンビネーション・ディフェンスを意識

ここまで紹介した打ち方を組み合わせ、リズミカルにパンチのコンビネーションを当てながら強打を打つ。そして戻ってくるボールを頭を振ってかわす。こうすれば実戦に近い動きの練習になる。

ダブルエンド・パンチングボールの
打ち方の詳細はDVDでチェック!

Chapter
04 シングルボール

シングルエンドのパンチングボールはダブルボールほど動きが複雑ではなく決まった動きを繰り返すが、スピードが速いため、よりリズム・タイミングが必要とされる。

基本的な当て方・当てる位置

シングルボールは、上から叩くようにボールを打ち、跳ね返ってきたものを打ち返し、それをリズムよく続ける。ボールの支点より奥で叩くことがポイントで、自分の手前で打ち返すと、ボールが予期せぬ方向に飛ぶので、リズミカルに叩くことが出来ない。

上記の打ち方を基本とし、打たれたボールが奥側の天板に当たり、手前側の天板に当たり、さらに奥側の天板に当たって戻ってきたところに次の一打を加える。右・右、左・左と左右2回をワンセットとして打ち続けるのが基本。目でボールの動きを追って叩こうとすると、リズムがずれるので、どのくらいの力でボールを叩けば、どのくらいのスピードで戻ってくるかなど、ボールの動きを予測しながらリズミカルに叩く。

当て方のバリエーション

応用としては、基本の打ち方を続けつつ、ワンツーのタイミングで右ストレートを打つ。また突き上げるようなストレート、アッパーと打ち方を変えながら、徐々にバリエーションを増やしていく。早く動くものにタイミングを合わせてパンチを当てる意味でシングルボールは、実戦に対する補助練習になる。また自分の心臓よりも高い位置に腕を上げて打ち続けるため、腕の筋持久力の養成にもなり、ボールの縫い目やロゴを見ることで動体視力を鍛えることもできる。シングルボールはスパーリングや他の練習と並べて考えてもいいものだ。

ワンツーのタイミングで打つ

突き上げるストレート

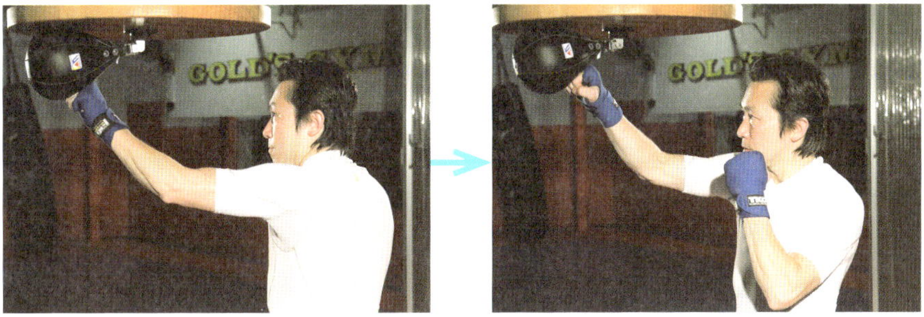

アッパー

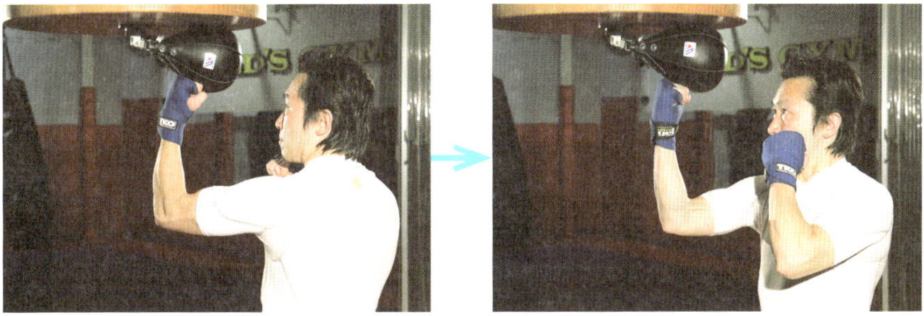

シングルエンド・パンチングボールの
打ち方の詳細はDVDでチェック！

Q&A

Q メイウェザーのミット打ちは本当に練習になっている？

A.メイウェザーのグローブに、トレーナーが自らミットを当てにいっているようにみえる、あのミット打ちですね？あのミット打ちはカメラや取材が入っている時にやる見世物のミット打ちではないか、という声があるかもしれません。しかし私はプライベートジムで、外部の人間が私以外はいないという状況で、メイウェザーのナチュラルな練習を見学したことがあって、その時、トレーナーのロジャー・メイウェザーは、私たちがよく目にするものと同じミット打ちをやっていました。ですからあのミット打ちは決して見世物ではありません。有名なエピソードで、リッキー・ハットンが「あんなミット打ちをやっているようなやつは俺に勝てない」と挑発し、メイウェザーが「あのミット打ちの意味が分かっていないお前は俺にKOされる」と言い返し、その言葉通りにハットンをKOしたことがあります。私も細かくメイウェザーにミット打ちの意味を聞いたわけではないですが、メイウェザーの試合と見比べてみると、オフェンスとディフェンスの極めて速い流れ、パンチの組み立て、相手の反撃に対する避け方・ステップワークなど、メイウェザーのボクシングの要素がぎっしり詰まったミット打ちになっていると思います。メイウェザーが試合で使っている体の動きを最小限にしたものが、あのミット打ちの動きになっている。ミット打ちでやっているメイウェザーの動きを拡大していくと、試合の動きになっている、そんなイメージで捉えてもらえれば分かりやすいかもしれません。実戦とミット打ちの距離は明らかに違いますが、体の動きだけを切り取ってみれば、試合中にやっている動きと同じであることが分かります。メイウェザー本人、そしてミットを持っているロジャー・メイウェザー、どちらもあのミット打ちがボクシングにどう還元されるのかを十分に理解しているのだと思います。これは裏を返せば、あのミット打ちの形だけを真似しても、何も意味がないということ。体の使い方がどう実戦の動きとリンクするのか。それをしっかり把握していなければ、ただの運動で終わってしまうでしょう。

フロイド・メイウェザーのミット打ち

Q 現実と異なる近い距離でひたすら連打を打つミットって意味あるの？

A.本書の中では実戦に近い距離でミットを受けることを前提にしていますが、心肺機能を上げる、腕の筋持久力を養う、パンチの回転を早くする。こういった目的であれば、実戦よりも近い距離でひたすら連打させるミットも効果がある練習方法だと思います。あとは選手にしっかりミットを打った、今日の練習をやりきったという満足感を感じさせるという意味もあります。いくら技術を磨くと言っても、ボクシングは人間がやるものです。選手が気持ちよく練習することも大切で、特に対人で行うミット打ちでは、選手の気分を乗せて、達成感を感じるような練習をさせることも重要なファクターだと言っていいでしょう。

Q ミットを受ける側が上達するためのコツは？

A.いかにパンチを効果的にするか、自分が打たれる側になったと想定して「こういう打ち方をすると効くな」や「ここでこのパンチを打たれたら嫌だな」というのを、持ち手の方が分析・洞察するべきでしょうね。またサンドバックは動かず、その場にいてくれるので打ちやすいですが、実戦では相手は動き続けるので、そうはいきません。ミットでは持ち手も対戦相手と同じように動き、実戦に近い状況を作ってあげることが重要です。決して持ち手の都合のミットになってはいけません。どんなスポーツ指導にも言えることですが、えてして指導者主導になりやすい部分があります。例えば何か欠点がある選手に解決策を授けないまま「ガードは下げるな」とだけ言って試合をさせる。それで試合に負けたあとに「ガードを下げるなと言っただろ！」と言うのは何の意味もありません。それは指導ではなく、ただ文句を言っているだけです。それと同じで持ち手が自分の都合でミットを持って、それに合わせて選手を動かすのは、持ち手の自己満足にすぎません。自分が持ちにくい・受けにくいパンチでも、それが選手に必要であるならば、それでも受けなければいけない。ミットを受ける技術を向上させるには、常に選手のためになることを考えましょう。

Q ミット打ちはトレーナーがすべての主導権を握るべき？

A.選手のレベルによります。例えば初心者から4回戦の選手までは、指導者・トレーナーが言ったことを実践させることがほとんどで、これがスタートになります。そこから選手のレベルが上がると選手から「僕はこう思うんですけどどうですか？」と質問が出て、トレーナーがアドバイスするという関係になり、最終的に選手が「こういう練習をしたい」「こうやって戦いたい」と主張し、それにトレーナーが答えを出すという形が質の高いトレーニングと言えるでしょう。

Q 大・中・小のサンドバッグはどの順番で打つのがいい？

A.まずは大サンドバッグで強打やコンビネーションの形を覚えて、それが出来るようになってから中・小サンドバッグで動きながら打つ。そういった順序で打つといいでしょう。いきなりスパーリングでパンチを当てようとしても当たらないように、まずは止まっているものにしっかりとパンチを当てる。そこから動いているものに当てるという順で練習することを推奨します。

Q シングルボールって実際のパンチと異なるフォームで打ってるけど、意味あるの？

A.シングルボールの目的は早く動くものを叩いてリズム・タイミングを養うものです。そのためにはボールを早く動かすことが必要で、ナックルを当てるよりも、拳を握って小指側を当てる鉄槌打ちの方が合っていると言えます。また動作そのものはパンチと異なりますが、動きとしては心臓よりも高い位置で腕を動かすので、腕の筋持久力の養成にもなります。

Q シングルボールって見て打ってるんじゃなくて、タイミングを掴んでいるだけでは？

A.感覚的に体を動かす、というのは重要なことです。例えばキャッチボールをしていて、相手がパッと数m後ろに下がった時、人は目測で距離の違いを認知し、瞬時に遠くまでボールを投げようとします。これは非常に感覚的なもので、頭の中で「このくらいの筋肉の力で投げていれば1m。だから遠くなった分だけ、力を加えよう」と考えてボールを投げる人はいないはずです。このように瞬間で体を動かす時、目の前のものへの反応は感覚的になっています。シングルボールもそれと同じで、どのくらいの力で打てばどのくらいのスピードで戻ってくるのか。それを感覚的に覚えて、より熟練させることで、早く動いているものに拳を当てることが出来るようになるわけです。例えばジャブでパーリングする相手のリズムを読んで、右ストレートを打つ。こういった感覚はシングルボールで養われるものの一つです。実際にパンチが当たる時は、当たると思って出したパンチではなく、当たると思った瞬間にはパンチが出ているものです。そういったタイミング・予測はシングルボールを打つことでトレーニングすることが出来るでしょう。

Q シングルボールを打たなくても強くなれるのでは？

A.シングルボールを打たない、もしくは打つことが苦手で、スパーリングやサンドバッグだけで技術を覚える選手もいるでしょう。そういった選手が「シングルボールを打つ必要はない」と言うのであれば、その選手にとってシングルボールを使った練習はそういうものだと理解できます。ただしシングルボールをしっかり打つことが出来て、その上で「シングルボールを打つ必要はない」と言う人がいれば、私はその理由を聞いてみたい。ここまで説明したように、シングルボールを打つことでボクシングに必要なスキルを身につけることが出来ます。仮にシングルボールを打たない、打つことが苦手で強くなった選手が、シングルボールを打てるようになっても、損になることは何一つないはずです。

Q ミットやサンドバッグと比べて、ダブルボールにはどんな利点があるの？

A.アメリカでは試合前になるとミットやサンドバッグよりもダブルボールを打って調整することの方が多いです。アメリカのジムにあるダブルボールはギチギチに張ってあるものが多く、腕力で打つパンチでは当てることすら出来ません。腕ではなく肩を使った、いわゆるキレのあるパンチでなければ、満足に打つことは難しいでしょう。またダブルボールは打つと跳ね返ってくるものなので、打ったあとは必ず動かなければボールにぶつかってしまいます。非常に実戦的な練習器具なので、ジムに設備してあれば絶対にメニューに取り入れた方がいいですね。

野木丈司（のぎ・じょうじ　写真右）

1960年生まれ、千葉県出身。白井・具志堅スポーツジムトレーナー。高校時代は、5000メートル走の選手として千葉県大会で優勝。高校卒業後、プロボクサーとなり、3戦3勝の成績を収めるが、その後、国内ジム・プロモーター間の政治的なトラブルに巻き込まれ、10年間試合の機会に恵まれず、無敗のまま引退を余儀なくされた。トレーナーに転身後は、世界王者・内藤大助、江藤光喜、比嘉大吾をはじめ、東洋太平洋王者となった嘉陽宗嗣、日本王者となった河合丈矢、女子世界王者となった風神ライカ＆山口直子、女子東洋太平洋王者・菊地奈々子＆つのだのりこ、ボクサー以外の格闘家では深津飛成、渋谷修身、大宮司進、宇野薫、HAYATO、郷野聡寛、所英男、藤田和之、藤井惠、弘中邦佳、浜崎朱加といった名選手を育成している。

実技モデル ● 江藤伸悟（えとう・しんご　写真左）
撮影協力 ● GOLD GYM　サウス東京アネックス
装丁・本文デザイン ● 田中ミカ　石川志摩子（ギールプロ）
技術ページ・スチール撮影 ● 馬場高志
試合写真撮影 ● 福田直樹
映像制作 ● 高澤泰一　石田勇記
書籍編集 ● 中村拓己
DVDプレス ● イービストレード株式会社

DVD《ディブイディ》でよくわかる！
もっとも新《あたら》しい
ボクシングの教《きょう》科《か》書《しょ》

2013年 8 月31日　第 1 版第 1 刷発行
2019年11月29日　第 1 版第 7 刷発行

著　者　野木丈司
発行人　池田哲雄
発行所　株式会社ベースボール・マガジン社
〒103-8482
東京都中央区日本橋浜町2 - 61 - 9　TIE 浜町ビル
電話03-5643-3930（販売部）
03-5643-3885（出版部）
振替口座　00180-6-46620
http://www.bbm-japan.com/
印刷/製本　共同印刷株式会社

ISBN978-4-583-10552-9 C2075